中国民用航空工业年鉴
2014

工业和信息化部装备工业司　编

航空工业出版社

北　京

内 容 提 要

《中国民用航空工业年鉴》是我国民用航空工业首部具有综合性、资料性、史册性的编年性工具书。集中全面地反映了我国民用航空工业年度发展状况，真实记载了我国民用航空工业发展进程。《中国民用航空工业年鉴 2014》内容包括中国民用航空工业发展综述、主要民用航空工业地区发展概况、主要集团和重点企业发展概况以及中国民用航空工业统计信息等几部分。

本书内容翔实、丰富，有助于国内外有关人士了解中国民用航空工业发展概况，并与之建立经济技术合作关系。

图书在版编目（CIP）数据

中国民用航空工业年鉴．2014／工业和信息化部装备工业司编．--北京：航空工业出版社，2014.11

ISBN 978-7-5165-0401-7

Ⅰ．①中…　Ⅱ．①工…　Ⅲ．①民用航空—航空工业—中国—2014—年鉴　Ⅳ．①F426.5-54

中国版本图书馆 CIP 数据核字(2014)第 246799 号

中国民用航空工业年鉴 2014
Zhongguo Minyong Hangkong Gongye Nianjian 2014

航空工业出版社出版发行
（北京市朝阳区北苑路 2 号院　100012）
发行部电话：010-84936597　010-84936343

北京地质印刷厂印刷　　全国各地新华书店经售
2014 年 11 月第 1 版　　2014 年 11 月第 1 次印刷
开本：889×1194　1/16　　印张：10.5　　字数：327 千字
印数：1—1500　　定价：120.00 元

中国民用航空工业年鉴 2014

编　委　会

编辑人员

前　言

《中国民用航空工业年鉴》是综合性、资料性的编年性工具书，力求全面、客观、真实地反映中国民用航空工业年度发展概况，记载中国民用航空工业发展进程，自2010年起已连续出版了4年。

《中国民用航空工业年鉴2014》（简称《年鉴2014》）的内容包括中国民用航空工业发展综述、主要地区发展概况、企业发展概况、中国民用航空工业统计数据4个部分。第一部分中国民用航空工业发展综述主要从发展规模与产业布局、航空产品与研发制造、经济运行与资金投入、国际合作与对外交流、产业促进与行业管理5个方面作总体介绍。第二部分主要地区发展概况介绍全国20个省及直辖市的民用航空工业基本情况、生产经营、主要产品、技术进步、对外贸易合作和行业管理等情况。第三部分企业发展概况记录了全国3家主要集团公司和20家重点民用航空工业企业单位的技术优势和主要产品。

《年鉴2014》的第四部分为中国民用航空工业统计数据，是经国家统计局批准，根据工业和信息化部办公厅关于《开展民用航空工业行业统计和年鉴编制工作的通知》（工信厅装函［2014］277号），通过各省、自治区、直辖市民用航空工业管理部门，中国航空工业集团公司、中国商用飞机有限责任公司和中国电子科技集团公司等进行调查统计的结果。其统计范围包括从事民用航空器、民用航空发动机、机载系统和设备、零部件、地面设备、随机工具等研发、制造和修理的规模以上企业单位和事业单位。中国民用航空工业统计数据主要内容包括综合情况，生产交付、新增和储备订单及转包生产，生产销售总值，主要经济指标等数据。

本年鉴所涉及的全国性统计数据包括中国规模以上民用航空工业企业（港、澳、台地区除外）；本年鉴部分数据合计或相对数由于单位取舍不同而产生的计算误差均未做机械调整；本年鉴表中“空格”表示无该项数据。

《年鉴2014》是在工业和信息化部装备工业司主持下，在国家统计局指导下，在各有关省、自治区、直辖市民用航空工业管理部门、中国航空工业集团公司、中国商用飞机有限责任公司、中国电子科技集团公司和各重点企业提供素材的基础上，在国防科工局信息中心的协助下，由中国航空工业经济技术研究院编辑出版。在此向所有参加

《年鉴 2014》工作的单位和人员表示感谢。

此外，在《年鉴 2014》编辑过程中，为了行文一致及体现年度新变化，对材料做了必要修改和删减。特此说明。

《中国民用航空工业年鉴》编委会

2014 年 10 月

目　　录

第一部分
综　　述

中国民用航空工业发展综述

2013 年，中国民用航空工业的产业规模呈持续扩大趋势，民用航空产品研制生产和销售进展良好，研发投入显著增加，转包生产快速增长，社会资源进入民用航空工业的热情高涨，产业布局和宏观政策环境进一步优化，国际合作继续深入，行业管理有效加强，全行业核心竞争力和可持续发展能力进一步提升，未来发展的基础进一步巩固。

一、发展规模与产业分布

（一）发展规模

2013 年，全国民用航空工业统计调查单位 140 家[①]，年末从业人员人数 34.2 万人。这些单位主要分布在 23 个省、直辖市；按三大经济地带分，东部地区 72 家，中部地区 26 家，西部地区 42 家。按注册登记类型分，内资企业 122 家，港澳台商投资企业 6 家，外商投资企业 12 家。内资企业中，有限责任公司 63 家，国有企业 28 家。按从业人员分，2000 人以上单位 48 家，1000～2000 人单位 19 家，300～1000 人单位 27 家，300 人以下单位 46 家。

2013 年，中国民用航空工业企业工业总产值 2078.4 亿元，其中民用航空产品产值 451.7 亿元（见图 1），比 2012 年增长 15.0%[②]。民用飞机整机产值 212.0 亿元，比 2012 年增长 17.2%[②]（其中，引进总装生产的空客 A320 飞机产值 173.7 亿元，比 2012 年增长 46.8%）；民用飞机零部件产值 101.0 亿元，比 2012 年增长 32.4%；民用航空发动机零部件产值 31.3 亿元，比 2012 年下降 5.4%；民用飞机修理产值 37.2 亿元，比 2012 年增长 11.1%；民用航空发动机修理产值 34.2 亿元，比 2012 年增长 31.2%；民用飞机机载系统和设备产值 0.2 亿元，比 2012 年下降 93.7%。

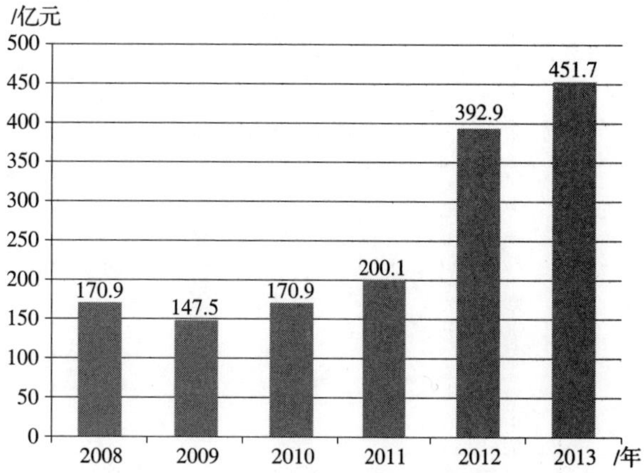

图 1　2008—2013 年中国民用航空产品产值情况[③]

从各地区情况看，排名前三位的是，天津市（178.8 亿元）、陕西省（83.8 亿元）、广东省（62.9 亿元）（见图 2）。

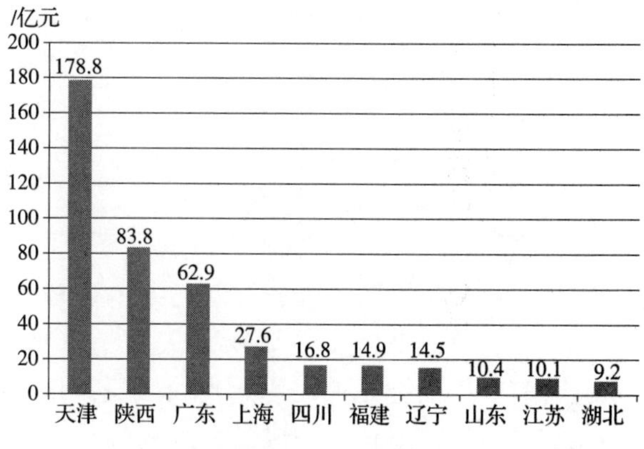

图 2　2013 年民用航空产品产值前 10 名省、直辖市

（二）产业分布

在纳入 2013 年全国民用航空工业统计调查的 140 家企业中，中国航空工业集团公司（简称中航工业）所属企业有 60 家，产值占全国民用航空产品产值的 29.4%；中国商用飞机有限公司（简称中国商飞公司）下属企业有 7 家，

① 2013 年，纳入中国民用航空工业统计范围的规模以上企业为 140 家。

② 2012 年民用航空产品产值和民用飞机整机产值的修正值分别为 392.9 亿元和 180.8 亿元。

③ 自 2012 年起，数据包含空客 A320 产值。

产值占6.1%；中国电子科技集团公司（简称中国电科）下属企业有6家，产值占0.7%；其他民用航空工业企业有67家，产值占全国民用航空产品产值的63.8%。

与2012年相比，2013年民用航空产品收入排名前十名的企业名单变化较小（见表1）。新进入前十名的企业有两家，分别是上海飞机制造有限公司和深圳中集天达空港设备有限公司。前十名企业的民用航空产品收入占全国民用航空产品收入的77.7%，比2012年的74.5%集中度提高3.2%。

表1　2013年民用航空产品收入前十名企业

名次	单位名称	2012年排名
1	空中客车（天津）总装有限公司	1
2	中航工业西安飞机工业（集团）有限责任公司	2
3	珠海保税区摩天宇航空发动机维修有限公司	3
4	上海飞机制造有限公司	
5	广州飞机维修工程有限公司	4
6	中航工业哈尔滨飞机工业集团有限责任公司	7
7	厦门太古飞机工程有限公司	5
8	中航工业西安航空发动机（集团）有限公司	6
9	中航工业沈飞民用飞机有限责任公司	8
10	深圳中集天达空港设备有限公司	

在产品地域分布方面，我国已基本形成如下的产业分布：以上海、陕西及天津为基地，依托现有骨干企业发展民用干支线飞机；依托哈尔滨、石家庄、珠海、成都和荆门等优势地区发展大中型通用飞机、公务机和特种飞行器；依托景德镇、哈尔滨和天津等优势地区发展大中型直升机；多地航空产业园区和企业发展轻小型通用飞机和直升机。

在国家政策引导和市场需求推动下，各地发展航空产业的热情不断提高。目前，国家发改委批准建设了10家航空产业园区，分别是西安阎良国家航空高技术产业基地、珠海航空产业园、北京航空产业园、长春航空产业园、南昌航空工业城、天津滨海航空城、成飞航空高科技产业园、沈阳航空产业园、宝鸡航空装备产业园、株洲航空城等。

二、航空产品与研发制造

2013年，民用航空工业研发与产销均呈较好趋势。中国民用航空工业产品现已逐步形成涡桨支线飞机、中型货运飞机、小型直升机、中型直升机、大型直升机、客货混装多用途飞机、农林专用飞机、小型通用飞机、教练机等自主产品系列，自主研制的涡扇支线飞机即将取证和交付客户，正在研制大型客机、先进多用途中型直升机、大型灭火/救援水陆两用飞机等。

（一）产品交付

2013年，中国民用航空产品交付金额显著增长，交付金额总计416.6亿元，比2012年增长24.3%。其中，民用飞机整机交付金额19.8亿元，比2012年增长6.2%；引进总装线生产飞机173.7亿元，占41.7%，比2012年增长46.8%；民用飞机零部件82.9亿元，占19.9%，比2012年增长11.4%；民用航空发动机零部件31.1亿元，占7.5%，比2012年下降8.9%；民用飞机修理37.7亿元，占9.0%，比2012年增长16.0%；民用航空发动机修理32.7亿元，占7.8%，比2012年增长25.4%。如图3所示。

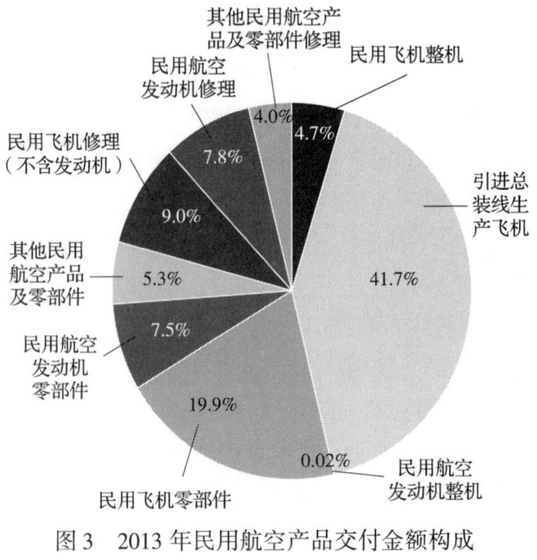

图3　2013年民用航空产品交付金额构成

全年实现民用飞机交付140架，在产在销机型主要包括："新舟"60/600涡桨支线飞机；空客A320引进总装生产线干线客机；运12系列、运5B、“小鹰”500、赛斯纳“凯旋”208B、DA40 TDI等固定翼通用飞机；A2C超轻型水上飞机；H410G、H425、AC311、AC312、AC313等民用直升机。

截至2013年底，我国已累计交付民用飞机1014架。其中，“新舟”60交付6架，累计交付78架；空客A320交付44架，累计交付153架；通用飞机交付51架，累计交付482架；特种飞机交付13架，累计交付65架；直升机交付26架，累计交付81架。尽管中国民用飞机交付量继续保持增长态势，但总量与世界航空强国相比仍有较大差距（见图4）。

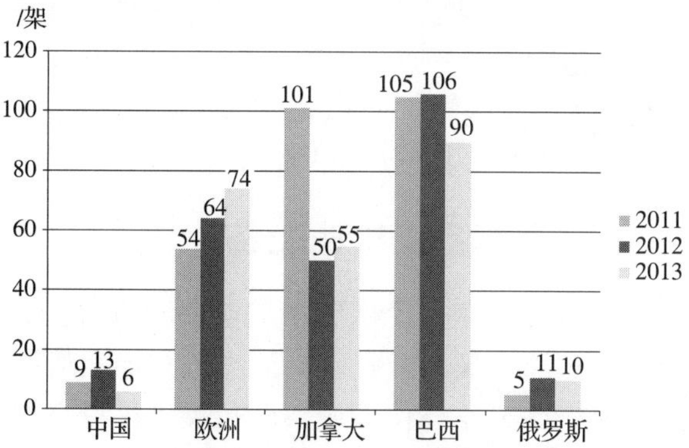

图4 近三年中外支线飞机交付量对比

（数据来源：Speednews，国防科工局信息中心）

（二）产品研发

2013年，我国民用飞机多机种多机型研发突破重大节点。C919大型客机、ARJ21－700新支线飞机、先进多用途中型直升机等重点产品研制进展顺利。

2013年7月，大型灭火/水上救援水陆两栖飞机首次TCB会议召开，标志着该型飞机型号研制适航审定工作正式开始；由中国特种飞行器研究所研制的“海鸥”300轻型水陆两栖飞机在湖北荆门漳河水上机场首飞成功；运12F继完成颤振试飞试验后，开始为期3个月的验证试飞。

2013年9月，“小鹰”700飞机详细初步设计通过评审，转入工程研制；“新舟”600F民用货机获得型号合格证。10月，L7运动/教练型飞机03架完成初装交付。

2013年11月，C919大型客机项目机身组合体大部件段成功下线，取得重大阶段性成果。

2013年12月，中航工业在北京宣布新型涡桨支线飞机“新舟”700项目研制工作全面启动；ARJ21－700新支线飞机首批两架交付下线，向预投产工作迈出重要一步；先进多用途中型直升机首架机体结构铆接下架。

（三）产品订单

2013年，民用飞机新增订单158架，其中，新增确认订单128架，新增意向订单30架。截至2013年底，储备订单822架，其中，储备确认订单468架，储备意向订单354架，见图5。（包括ARJ21－700新支线飞机储备确认订单151架，“新舟”60储备确认订单77架，C919干线客机储备确认订单186架。）

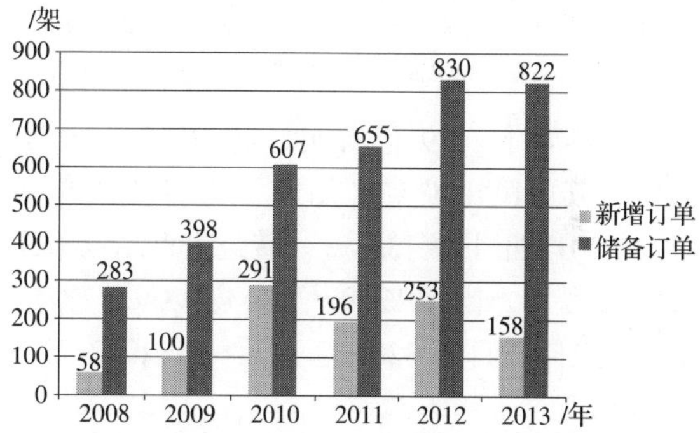

图5 2008—2013年中国民用飞机订单情况

从储备订单情况看，中国支线飞机储备订单增长平稳，与其他国家和地区相比处于领先地位；干线飞机储备订单进一步增加，但与处于垄断地位的美国和欧洲地区，仍具有较为明显的差距（见图6和图7）。

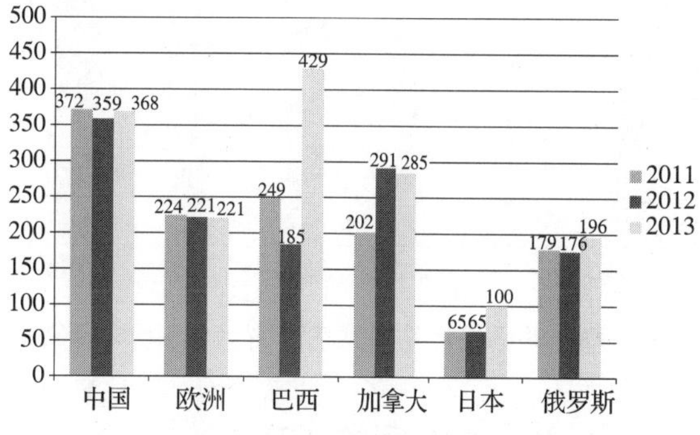

图6 近三年中国与国外支线飞机储备订单对比

（数据来源：Speednews，Misubishi官网，Superjet International官网，国防科工局信息中心）

（四）转包生产

2013年，转包生产增长较快，年交付金额15.8亿美元，同比增长17.8%（见图8），其中飞机零部件9.5亿美元，比2012年增长32.9%；

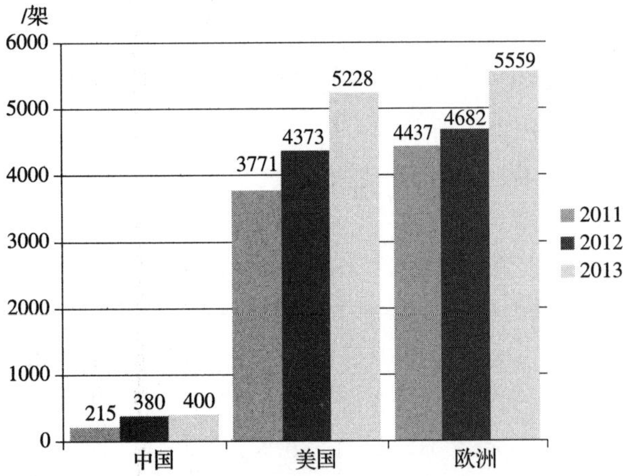

图 7　近三年中国与国外干线飞机储备订单对比
（数据来源：Speednews，国防科工局信息中心）

发动机零部件 4.9 亿美元，比 2012 年增长 5.7%；其他民用航空产品及零部件 1.4 亿美元，比 2012 年下降 13.5%。转包生产新增订单 15.9 亿美元，比 2012 年增长 112.0%。截至 2013 年底储备订单 32.0 亿美元，比 2012 年下降 2.0%。

从各地区情况看，民用航空产品转包生产主要集中在陕西、辽宁、四川，转包生产交付金额分别占全国的 37.6%、21.4%、12.9%。

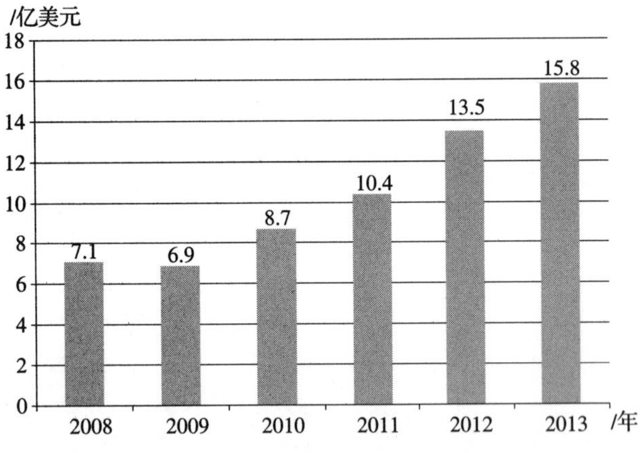

图 8　2008—2013 年中国民用航空产品转包生产交付金额

三、经济运行与资金投入

（一）经济运行效益

2013 年，我国民用航空工业经济运行主要指标均位于较快上升区间。民用航空工业企业资产总计 4148.0 亿元，负债合计 2466.2 亿元，所有者权益合计 1709.1 亿元，资产负债率 59.4%；实现主营业务收入 2432.9 亿元，比 2012 年增长 32.3%，其中民用航空产品收入 487.1 亿元，比 2012 年增长 28.9%，民用航空产品收入占企业主营业务收入的 20.2%。民用航空工业企业利润总额 133.6 亿元，比 2012 年增长 34.9%。

（二）固定资产投入

2013 年，民用航空工业企业固定资产投资额 148.4 亿元，其中民用航空产品投资额 39.0 亿元，比 2012 年增长 7.5%，民用航空产品投资额占企业全部投资的 26.3%。

2013 年，民用航空工业企业研究与试验发展经费支出 136.4 亿元，其中民用航空产品 39.5 亿元，比 2012 年增长 27.2%，研究与试验发展经费支出占主营业务收入比重为 5.6%，研究与试验发展人员占全部从业人员比重为 13.1%，工程技术人员占全部从业人员比重的 21.1%。

四、国际合作与对外交流

2013 年，中国民用航空工业领域的国际交流与合作继续深入。政府间的交流与沟通机制更加紧密，工业合作领域不断拓展，科技合作层次不断提升，企业间合作项目稳步推进。以重大项目为引导，在继续扩大国外零部件转包生产、国际风险合作的基础上，探索和实践中外合作研制和面向全球招标自主研制的新模式。

（一）政府间对话与合作机制

2013 年，中俄、中欧在民用航空工业领域的交流与沟通成果显著。

中俄民用航空合作分委会是中俄总理定期会晤委员会下设的分委会之一，成立于 2006 年，主要职责是推动中俄两国民用航空领域的合作与交流。

2013 年 6 月，中俄民用航空合作分委会第八次会议在俄罗斯乌法市召开。中俄两国民用航空工业主管部门及企业在分委会框架下开展了积极合作。

在中国与欧盟科技合作的框架下，工业和信息化部和欧盟研究与创新总署联合对等资助中国航空研究机构和欧盟科研机构合作开展航空领域科技研究课题。2013 年 10 月，工业和信息化部装备工业司和欧盟研究与创新总署交通司在浙江省杭州市联合组织召开了中欧航空可持续发展论坛暨绿色航空技术中欧交流合作平台技术研究项目（GRAIN2）开题会议。

（二）企业间国际合作与交流

为了加强民用航空工业企业间国际合作与交流，工业和信息化部支持民用航空工业企业和研究机构在航空基础和前沿技术领域开展国际合作研究；支持企业采用多种形式扩大航空转包生产，鼓励国际合作研制民用航空产品，支持国内企业参与国际航空工业风险合作和分工，鼓励国外供应商参与国内航空项目的风险合作。

2013 年，中国民用航空工业企业在努力提升自主创新能力的同时，不断提高国际合作层次和水平，积极融入世界航空产业链。

中航工业与世界著名民用航空工业企业合作关系良好。2013 年，中航工业与空中客车公司（简称空客）召开了首次战略协同会议（SFM），制订了扩展合作计划，与波音、庞巴迪、赛峰等公司建立了有效的定期沟通机制。为了提高 C919 大型客机的产品配套能力，中航工业所属有关企业涉及航电、机电等 20 余个系统领域与世界著名企业开展合资合作。中航工业与空客直升机按照 50% 比 50% 对等合作联合研制先进多用途中型直升机进展顺利；与法国透博梅卡公司对等合作联合研制的涡轴 16 中等推力级民用涡轴发动机实现了首台次试车。

中国商飞公司不断深化国际合作，与美国通用电气、联合技术、霍尼韦尔等 16 家国际航空工业企业建立了战略合作关系。2013 年，中国商飞公司在美国加利福尼亚州设立了海外首家全资子公司；通过中国商飞—波音航空节能减排技术中心与国内高校、企业开展合作；与空客开展非竞争领域合作交流；落实与庞巴迪、福克等公司合作项目；参与庞巴迪 C 系列飞机试飞；与国外机构合作培养试飞员和试飞工程师。

2013 年，在巴黎、莫斯科、迪拜和北京国际航展上，以中航工业、中国商飞公司等为代表的中国民用航空工业企业向世界展示了中国民用航空工业的整体实力和最新成果，促进了民用航空领域的国际合作与交流。

五、产业促进与行业管理

目前，中国民用航空工业面临难得的发展机遇。国家不仅将航空装备列入战略性新兴产业的重点方向，还实施了大型飞机重大专项，通过多种方式促进了中国民用航空工业的发展。

2013 年，政府部门积极推动民用航空工业立法工作，就《民用航空产品发展条例》的起草多次开展调研、研讨、征求意见等工作，取得了阶段性的工作成果。

2013 年 12 月，国务院发布了《政府核准的投资项目目录（2013 年本）》，在政府减少行政审批的背景下，仍将民用飞机（含直升机）制造保留在行政审批之列。国务院要求投资主管部门和行业主管部门联合对民用飞机产品研发制造进行项目核准，表明国务院对民用飞机工业发展的重视。

国家发改委在《2013 年战略性新兴产业重点产品和服务指导目录》中将民用飞机（含直升机）、航空发动机、航空设备及系统、航空材料、航空维修及服务等作为民用航空工业重点产品和服务，促进民用航空工业的发展。

2013 年 5 月，工业和信息化部发布了《民用航空工业中长期发展规划（2013—2020 年）》（简称《规划》）。这是我国首次发布民用航空工业发展规划。《规划》确定了中国民用航空工业中长期发展的指导思想、发展目标和重点领域等，为优化航空工业自主发展体系，增强核心竞争力和可持续发展能力，实现我国民用航空工业跨越发展指明了方向，具有重要意义。

2013 年，工业和信息化部积极开展行业管理工作，成立民用飞机科研管理支撑机构，组织制定民用飞机科研发展规划，制定民机科研管理的系列文件，加强民机科研项目的全过程管理，提高全行业科技研究水平和投资效益。积极推进民用航空工业相关立法工作。继续组织编辑出版《中国航空工业年鉴 2013》，开展行业统计，为各级政府政策和规划制定、行业交流及企业投资决策提供参考，提高公共服务水平。

各地政府重视发展民用航空工业。北京市发布了《北京市战略性新兴产业之航空航天产业专项规划（2013—2015 年）》，江西省编制了《江西省十大战略性新兴产业（航空制造）发展规划》、《江西省航空制造产业延伸产业链发展规划》、《景德镇直升机产业发展规划》等多项涉及民用航空工业的发展规划，对省内民用航空工业进行了布局规划。

第二部分

主要地区发展概况

北京市

一、本地区基本情况

截至2013年底，北京地区民用航空工业企事业单位超过29家，其中中央及下属企业11家，地方企业18家。全市规模以上企业超过21家，其中地方企业至少10家。纳入中国民用航空工业统计的企业有16家。

主要航空企事业单位有：中航工业下属中航发动机有限责任公司、北京航空材料研究院、中航复合材料有限责任公司、北京青云航空仪表有限公司（简称中航工业青云）、北京青云航电科技有限公司、北京长空机械有限责任公司、北京曙光航空电气有限责任公司、北京航空制造工程研究所、北京航空精密机械研究所、北京百慕航材高科技股份有限公司等，以及中国商飞公司下属北京民用飞机技术研究中心。其他整机及配套企业：北京通用航空有限公司、中俄直升机制造（北京）有限公司（中国宜通集团公司）、北京科源轻型飞机实业有限公司、北京浩天翼航空技术有限公司、北京金朋达航空科技有限公司、北京中航智科技有限公司、铱格斯曼航空科技集团有限公司、北京北摩高科摩擦材料有限责任公司、北京韦加航通科技有限责任公司等。维修及保障企业：北京飞机维修工程有限公司、北京金轮坤天特种机械有限公司、北京安达维尔科技有限公司、北京华安天诚科技有限公司、北京锐创信通科技股份有限公司等。

二、生产经营情况

2013年，北京市民用航空工业实现工业总产值58.2亿元，较2012年增长12.0%，完成工业增加值18.1亿元，实现利润6.7亿元。

三、主要产品

（一）民用飞机

“蓝鹰”AD200轻型多用途飞机系列，FH系列、TD220、TC、WD100、WD200、HW13、“开拓者”、“瞭望者”系列无人机等。

（二）航空发动机

民用航空发动机钛合金铸件、民用直升机发动机燃油调节系统。

（三）航空设备及系统

自动飞行控制系统、机载设备综合检测系统、综合显示设备、航空陀螺仪表、加速度计、无线电高度表、无线电罗盘、吊舱等。

（四）其他民用航空产品

钢制、粉末冶金及碳/碳复合材料刹车产品。

各种异形、薄壁支板、各种轴承支承座、飞机机身肋板等钛合金铸件。

航空隐身座舱玻璃、驾驶员抗坠毁座椅、驾驶员座椅、操作员座椅、旅客座椅等。

空域管理和机场调度平台、机场塔台辅助指挥信息系统、自动激光驱鸟器等地面设备。

有杆、无杆两大系列共十余种牵引车及电动牵引车、系列挂装车等特种车辆产品。

（五）相关产业的产品及服务

空域规划评估和管理服务、航空器机载设备及部附件维修、地面测试设备研发制造维护、飞机加改装业务等。

四、产品开发与技术进步

北京中航智科技有限公司自主研发的H∞飞控系统，采用H∞多输入多输出现代鲁棒控制算法，技术国内领先，占据我国无人直升机飞控系统较大市场。

北京华安天诚科技有限公司是国务院、中央军委空中交通管制委员会办公室授予的国家空域评估技术支持单位，具备国内领先的空域规划管理、空域运行管理、飞行组织信息化、通信管理、模拟仿真等系统和平台的建设能力。

五、重大基础设施建设

（一）北京通用航空产业基地

北京通用航空产业基地是 2011 年 12 月由市经济和信息化委员会、市发展和改革委员会、市科学技术委员会批准挂牌的通用航空产业园区。基地位于平谷金海湖地区，起步区规划面积 4 千米^2，将发展以通航研发、制造为核心，集通航维修、运营飞行、会展销售、教育培训于一体的通用航空现代服务业集聚区。2013 年，基地引入俄制直升机项目签约入驻，同时启动跑道、机库等基础设施建设。

（二）中航工业北京航空产业园

中航工业北京航空产业园是北京市重点建设项目，由中航工业在顺义区打造集生产、制造、研发、现代服务为一体的航空及非航空民品等产业化项目的产业园区。产业园区总占地面积 2000 余亩①，主要建设航空发动机产业基地、技术基础研发产业基地、航电系统产业基地、中航国际工贸园等项目，计划总投资 165 亿元。2013 年底，技术基础研发产业基地一期和航电系统产业基地一期基本建成，部分厂房已投入生产。

（三）中关村航空科技园区

中航工业计划优化中航工业青云土地资源，在中关村地区打造中航工业全球高端研发中心，二级集团总部集聚地，科技成果转化、企业孵化和产业化培育基地，国际交流合作平台。项目总占地约 17 万米^2，规划建设面积 50 万米^2，一期工程已封顶。

六、行业管理主要工作

一是完善行业政策规划体系。发布了《北京市战略性新兴产业之航空航天产业专项规划（2013—2015 年）》。

二是加大项目落地服务力度。通过优化产业发展环境、搭建公共服务平台、发挥产业集聚效应，推动俄制直升机组装维修等项目落地实施。

三是做好行业运行监测和分析。推动建立北京地区通用航空全产业统计体系，扩大统计对象，完善统计渠道，为北京通用航空产业发展提供分析和决策依据。

（北京市经济和信息化委员会）

① 1 亩 =666.67 米^2。

天津市

一、本地区基本情况

2013年，天津市民用航空工业整机制造和配套规模以上企业有10家，主要包括：空中客车（天津）总装有限公司、中航直升机有限责任公司（简称中航工业直升机）、航天神舟飞行器有限公司、西飞国际航空制造（天津）有限责任公司、古德里奇航空结构服务中国有限公司、PPG航空材料（天津）总装有限公司、天津波音复合材料有限责任公司、天津航空机电有限公司（简称中航工业津电）、天津华翼蓝天科技有限公司、天津全华时代航天科技发展有限公司等。

二、生产经营情况

2013年天津市民用航空工业企业实现工业总产值383亿元，实现利润26.5亿元。

三、主要产品

（一）民用飞机

空客A320引进总装生产线飞机：具备年产48架的能力，截至2013年12月底累计向境内外14家航空公司交付飞机150余架。

直升机：中航工业直升机自主研制的AC311、AC313等直升机。

无人机：包括海洋巡视无人机、测绘无人机、电力巡线无人机、农用无人机等。

（二）航空设备与系统

产品包括飞机配电系统、飞机环控系统、飞机点火系统和飞机防火系统的各种电磁继电器、温度继电器、高能点火装置、火警探测器、温度控制盒、力臂自动调节器等。

（三）航空配套产品

A319/A320系列飞机机翼、缝翼的总装生产，应用于航空领域的钛合金类紧固件、高温合金发动机及发动机类紧固件等；应用于航空器的涂料、密封胶及相关产品、风挡玻璃、客舱玻璃、复合材料次结构件和内装饰件等。

（四）航空维修改装及服务

为空客提供飞机短舱组装及维修服务的古德里奇公司项目；应用于ARJ21－700、“新舟”600、C919、A320、波音737等航空器模拟训练的飞行训练设备、工程仿真平台和维护训练设备；飞机租赁服务等。

四、产品开发与技术进步

中航工业直升机AC313通过航空器评审委员会（AEG）评审，AC311交付首批用户。

航天神舟飞行器有限公司一款无人机成功突破轻质高强结构设计及工艺技术、深失速回收技术、电磁兼容技术，实现该型无人机的技术突破；完成小型长航时无人机系统的研制工作，具有优良的气动性能、多样化任务载荷，可适应24小时全天候工作；自主研发便携式测控站，简化测控站设备组成和操作。

五、对外贸易与合作

天津波音复合材料有限责任公司主要生产和销售用于国际商用飞机的高质量的复合材料次结构件和内装饰件，拥有美国波音和赫氏公司的质量和生产资格认证，目前产品主要供应美国波音公司，同时还为奥地利菲舍尔公司、英国斯普瑞特（Spirit）公司、韩国航宇工业（KAI）公司提供用于波音737、波音747、波音767、波音777、波音787飞机的复合材料部件，2013年进出口额为1.01亿美元。

六、重大基础设施建设

2013年，中航工业航空服务保障基地开工建设。基地占地面积约32万米^2，总建筑面积约1.6万米^2，建设总投资约11.9亿元，预计2014年建成投入使用。

七、行业管理主要工作

一是积极落实产业发展规划，针对天津市特点和优势开展《天津市航空航天产业“十二五”发展规划》中期评估和天津市民用航空三年行动方案的制订工作。

二是积极培育壮大产业链，吸引从事无人机、移动登机桥、特种飞行器、机翼组装等业务的企业落户天津市。

三是积极利用国家支持，促进天津市重点发展的模拟机研制技术领域进步。

（天津市经济和信息化委员会）

河北省

一、本地区基本情况

截至2013年年底，河北省民用航空企业整机制造和配套规模以上企业共3家，分别是中航工业通飞华北飞机工业有限公司（简称中航工业通飞华北公司）、保定惠阳航空螺旋桨有限责任公司（简称中航工业惠阳）、保定向阳航空精密机械有限公司（简称中航工业向阳）。

全省从事航空关联产业人员近5000人，拥有国家级企业技术中心。其中，纳入中国民用航空工业统计的企业有3家。

二、生产经营情况

2013年河北省主要民用航空工业企业主营业务收入8.9亿元，工业增加值3.3亿元，实现利润0.52亿元。

三、主要产品

（1）民用飞机整机。运5B系列多用途飞机、“小鹰”500轻型多用途飞机（简称“小鹰”500）、“海鸥”300轻型水陆两栖飞机（简称“海鸥”300）、赛斯纳“凯旋”208B飞机。

（2）航电设备研发和制造、运12和运8飞机部件研发和制造、航空螺旋桨研发和制造、直升机旋翼毂、尾桨、调速器、顺桨泵等动力部件的研发和制造。

（3）航标（HB）系统组合夹具的研发和制造、中航工业数控设备修理改造和技术支持。

（4）航空精密机械机构研发与制造（系列挂架产品、航空仪表零部件、救生装备零部件）。

（5）通航作业和相关服务、运5/运5B飞机大修业务。

四、产品开发与技术进步

中航工业通飞华北公司：生产运8飞机大部件，ARJ21和大型灭火/救援水陆两栖飞机结构部件，转包生产飞机短舱、发动机舱等零部件。

中航工业惠阳：研制大型灭火/救援水陆两栖飞机螺旋桨，完成了5000千瓦发动机配套螺旋桨初步方案编制。研制“新舟”700、“新舟”600飞机螺旋桨，已完成投标和初步技术方案的编制。

中航工业向阳：开发了真空夹具、孔系焊接组合夹具系统、航空发动机行业专用组合夹具元件、航空精密机械机构部件（无人机起落架系统）、转角度自动带锯床（GZ4032）、金属带锯床系列化产品、多工位四面组合平口钳等。

五、对外贸易与合作

中航工业通飞华北公司与美国赛斯纳公司在石家庄组建中美合资石家庄中航赛斯纳飞机公司，合资公司于2013年9月正式成立，公司组建、人员培训、订单落实、生产技术准备等工作同步展开，首架赛斯纳“凯旋”208B型飞机于2013年12月18日下线交付。

六、重大基础设施建设

2013年，河北省在建三个航空产业园区（基地）。

中航工业通飞华北公司通用航空产业基地项目（二期）已经启动，项目总投资12亿元，占地1000亩，新建厂房设施13万米^2，新建停机坪11万米^2，将现有1200米2B级机场改扩建至1600米3C级。

中航工业惠阳科技工业园位于保定市高开区，占地454.9亩，规划总建筑面积151930米^2，安排新建建筑面积130080米^2，预留21850米^2，批复建设费用1.61亿元。2013年底已完成投资额4.68亿元，新区工程一期建设全面竣工，进入设备安装、调试阶段。

中航工业向阳新建航空科技装备产业园制造项目启动，项目建设总投资 18 亿元，规划建设用地 500 亩，总建筑面积 15.38 万米^2。一期工程规划建筑面积 5.76 万米^2，计划 2014 年年底完成建筑封顶，二期建筑面积 9.62 万米^2，计划 2016 年底建成投产。

（河北省工业和信息化厅）

山西省

一、本地区基本情况

2013 年，山西省从事民用航空工业的企业共有 4 家，分别是中航工业太原航空仪表有限公司（简称中航工业太航）、太原太航科技有限公司、山西青云集团有限公司和山西江川国威无人系统科技有限公司，全省民用航空工业从业总人数达 2009 人。其中，中航工业太原航空仪表有限公司和太原太航科技有限公司隶属于中航工业，另外两家企业正在建设中。纳入中国民用航空工业统计的企业有 2 家。

全省民用航空工业企业公司中，中航工业太航建有一个省级技术中心，一个国内先进水平的传感器与测试技术联合实验室，两个通过国家和国防实验室认可的检测校准实验室。

二、生产经营情况

2013 年，山西省民用航空工业企业实现工业总产值 5.8 亿元，实现利润 6843.8 万元。其中，实现民用航空产品销售收入 3853 万元。

三、主要产品

山西省民用航空工业主要产品为轻型直升机、固定翼飞机、无人机和各类航空仪表。

（一）民用飞机

轻型直升机、固定翼飞机主要由山西青云集团有限公司研制生产。国家发展改革委员会下发了《关于山西青云集团有限公司合资生产 HPC450 直升机和 ViperSD－4 飞机项目核准的批复》（发改高技（2013）1994 号文），成为中国首家拥有自主知识产权与外资合作生产通用航空器的民营企业。无人机主要由山西江川国威无人系统科技有限公司研制生产。目前，部分机型完成定型试验，进入试生产阶段；其他机型完成图样设计和零部件加工，正在进行首飞前各项准备工作。

（二）航空设备与系统

航空仪表主要由中航工业太航、太原太航科技有限公司研发生产，配套机型包括“小鹰”500、“海鸥”300、A2C 轻型水上飞机、AC313、“新舟”60、“新舟”600、“新舟”700、运 12 等，外贸航空仪表广泛用于各类轻型、运动型飞机。主要产品包括：座舱飞行仪表；传感器与弹性敏感元件；大气受感系统；智能振动筒压力传感器系列；振动筒气压仪系列；气压仪器检定系统。

四、产品开发与技术进步

中航工业太航在研航空仪表的配套机型及其所处研制阶段：大型灭火/水上救援水陆两栖飞机初样（C）型件处于研制生产，“新舟”600 已完成随机取证，“新舟”60 正在进行可靠性增长工作，“新舟”700 项目研制工作全面启动，“海鸥”300 进入适航取证阶段。

太原太航科技有限公司开发的便携式压力控制器样机已经完成，正在进入主机验证阶段；全自动加载空气活塞式压力计验证已经完成，进入批量生产。

五、对外贸易与合作

中航工业太航外贸航空仪表、空气压力受感器、敏感元件及传感器类产品多年来已出口欧洲、北美、韩国、中国台湾等多个国家和地区，应用于轻小型飞机、通用航空、仪器仪表等领域，享有良好的声誉。

山西青云集团有限公司 2013 年初通过德国 HELIPARK 直升机公司全资收购空中极限设计公司。

六、重大基础设施建设

2013 年，山西省民用航空工业重大基础设施建设主要为山西青云集团有限公司和山西江川国威无人系统科技有限公司基础建设项目。

山西青云集团有限公司投资的青云通用航空产业基地建设项目。规划总投资247亿元，近期投资159.3亿元，分三期建设（2012年9月—2016年12月实施），远期投资87.7亿元（2020年后实施），规划用地面积9280亩。该项目全部达产达效后，将形成通用飞机研发与制造、产品支援、销售与服务、航空飞行体验以及娱乐基地与国展中心五个板块。

山西江川国威无人系统科技有限公司无人机生产基地。由吕梁市离石区政府承担的土地平整工作已于2013年4月全部完成并交付。2014年，计划建设完成2万米^{2}的联合生产厂房，3000米^{2}的展厅和1.2万米^{2}的厂区办公楼、宿舍楼及其他附属生活设施工程。

（山西省经济和信息化委员会）

辽宁省

一、本地区基本情况

2013 年，辽宁省共有各类从事航空器及零部件生产、设计开发的企事业单位 130 余家，从业人员 5 万余人。其中，规模以上工业企业 23 家、国家级技术中心 2 个、省级技术中心 5 个、高校及科研院所 16 所、航空产业基地及园区 5 个。其中，纳入中国民用航空工业统计的企业有 3 家。

骨干航空企业有：中航工业沈阳飞机工业集团有限公司（简称中航工业沈飞）、航天新光集团有限公司、中航工业沈飞民用飞机有限公司（简称中航工业沈飞民机公司）、中航工业沈阳黎明航空发动机集团有限公司（简称中航工业黎明）、沈阳中体轻型飞机制造有限公司（原滑翔机厂）、中航工业沈阳兴华航空电器有限公司（简称中航工业兴华）、沈阳航达机载设备有限公司、沈阳松辽电子仪器有限公司、航天长峰朝阳电源有限公司等。

地方主要航空配套企业有：鞍山钢铁集团有限公司、东北特钢集团抚顺特钢股份有限公司、辽宁忠旺铝材有限公司、辽宁锐翔通用航空制造公司、瓦房店轴承股份公司、大连四达高技术发展有限公司、沈阳和世泰通用钛业有限公司、沈阳西子航空产业有限公司、沈阳新宝路航空机械制造公司、沈阳航宇轻型飞机制造公司、沈阳国泰飞机制造有限公司、中澳航空科技公司等。

高校及科研院所有：东北大学、沈阳航空航天大学、大连理工大学、辽宁通用航空研究院、沈阳航空职业技术学院、中航工业沈阳飞机设计研究所（简称中航工业沈阳所）、中航工业沈阳发动机设计研究所（简称中航工业动力所）、中航工业沈阳空气动力研究院、中科院沈阳自动化研究所、中国电子科技集团第四十七研究所、中国电子科技集团第五十三研究所等。

航空维修企业主要有：南方航空公司沈阳维修基地、南方航空公司大连维修厂、沈阳凯特航空发动机维修公司、沈阳威宇航空维修工程公司、沈阳威亚航空维修工程有限公司、MRO 机务维修中心等。

二、生产经营情况

2013 年，辽宁省民用航空企业生产经营继续保持稳步增长，全省航空产业工业总产值实现 260 亿元，同比增长 11%。民机、发动机等大部件转包出口交货突破 3.5 亿美元，同比增长 17%。

三、主要产品

（一）通用飞机整机制造

赛斯纳 LSA162 轻型通用运动飞机（2 座），2013 年 1 月在沈阳法库财湖机场成功实现国内批产首飞，已进入稳定批产阶段，年生产整机能力达到 300 架以上。

（二）民用飞机零部件制造

波音 787 垂直尾翼，ATR42/72 涡桨支线飞机登机门和服务门，庞巴迪 Q400 涡桨支线飞机全机机身及结构组件，庞巴迪 C110 和 C130 两个 C 系列飞机机型的前机身桶段、中机身、尾锥和舱门共四个工作包的设计、制造、装配及相应的试验和售后服务，C919 大飞机后机身压力框、后机身部段、吊挂部段 3 个部段的研制，C919 飞机发动机飞行试验平台（FTB）吊挂等。

（三）相关产业的产品及服务

航空复合材料、零部件装配及直升机桨毂连接件，航空发动机零部件，航空自动化生产线及飞机紧固件，航空专用高精度光电角度传感器及提供航空惯导平台系统的技术支撑等。

四、产品开发与技术进步

中航工业沈飞民机公司。2013 年 11 月 28 日，公司承担的 C919 大型客机飞行试验平台（FTB）吊挂试验件成功下线。公司还先后与法国拉比纳公司、美国波音公司以及中航飞机西安民用飞机有限责任公司（简称西安民机公司）签订空客 A320 电源箱、“新舟”700 飞机尾段/后货舱门设计任务单。特别是波音 777 FTB 复材壁板项目的签订，标志着公司在复合材料制造领域实现新突破。

沈阳沈飞国际商用飞机有限公司承担的庞巴迪 C 系列飞机新产品取得突破性进展。2013 年 10 月 11 日，C 系列前机身完成交付，此次交付的前机身是中航工业沈阳沈飞国际商用飞机有限公司完成的第二个工作包。由中航工业沈飞牵头，中科院沈阳自动化所主要参研的高档数控机床与基础制造装备国家科技重大专项课题“飞机钛合金尾段制造关键成套装备研制及示范应用”正式启动。

中航工业黎明重型燃气轮机的研制取得丰硕成果。2013 年，该公司承担的国家科技部“十五”863 计划重大专项 R0110 重型燃气轮机项目完成 168 小时联合循环试验运行考核。辽宁通用航空研究院 2013 年自主研制的国内首款电动双座轻型运动飞机成功首飞。RX1P 双座油动轻型飞机已经完成设计和首飞，进入试验阶段，2013 年 6 月开始适航取证工作。

五、对外贸易与合作

2013 年 1 月 24 日，中航工业—波音制造创新中心（沈阳）成立暨波音 777FTB 复材壁板项目启动仪式在沈阳举行。该项目是波音 777 飞机第一个落户中国的复合材料工作包，首架工作包预计 2015 年 2 月交付。

中航工业沈飞民机公司出口交付额实现 1.2 亿美元，已先后同美国、英国、德国等十多个国家著名航空公司开展民机零部件转包生产项目合作，目前已拥有各类近百条民用飞机制造特种工艺专业生产线，已成为世界航空产业链重要组成部分。2013 年，中航工业沈飞民机公司交付庞巴迪公司 1 架静力试验飞机和 5 架飞行试验飞机的后桶段，C 系列飞机前机身和中机身的研制工作已全面开展。

六、重大基础设施建设

中航工业沈飞民机产业园区配套设施建设进展顺利，研发办公楼、综合馆工程已于 2013 年底完成主体工程施工；ARJ21、C919 等国家重点能力建设项目扎实推进；复材一期建设和金属胶接、手动喷丸线建设全面完成。

沈阳法库通航产业基地现已成功开展沈飞 L162 轻型运动飞机试飞、航拍作业等活动，全年飞行 400 多架次。拟投资 16.53 亿元的沈阳乔治海茵茨飞机制造项目已正式签约，该项目是引进美国乔治海茵茨飞机制造公司、真时力（Zenith）飞机制造公司和加拿大泽奈尔（Zenair）飞机制造公司的产品和技术。主要研发和生产 CH 系列小型飞机。

意大利泰克南飞机生产基地项目正式签约沈北新区。生产基地项目总占地面积 500 亩，总投资 15 亿元，主要以组装、生产、制造“泰克南”P2002、P2006、P92 型飞机为主，三种机型均通过技术型号等认证，机型为运动型固定翼飞机，分为两座和四座。该项目将于 2015 年正式投产。

七、行业管理主要工作

大力落实航空工业发展规划。一是分别到四川、湖南、陕西、江西等省市及中央企业调研民用航空产业发展状况，了解和掌握国家及相关央企民用航空产业发展规划，学习和借鉴兄弟省市发展经验。二是着手制定新的《辽宁通用航空产业发展规划》，在省内相关单位和航空产业园区（基地）范围内开展深入调查研究，全面了解辽宁省民用航空行业运行以及产业园区建设情况，完成了专题调研报告的上报。

积极推进科学研究和项目建设。参与 C919 国产大型客机、ARJ21 新支线飞机的各重要部件研制，全面推动通用航空产业基地建设。沈阳法库通航产业园已初具规模，各项基础设施建设基本完备。

大力促进行业交流。一是2013年成功举办第二届国际飞行者大会。二是充分发挥辽宁省航宇学会这一社会组织的桥梁和纽带作用，协助政府行业管理部门制定产业政策，开展行业经济运行分析，协调政府部门解决企业遇到的问题和困难。

（辽宁省经济和信息化委员会）

吉林省

一、本地区基本情况

吉林省民用航空工业规模较小、集中度较低，目前正处于起步阶段。主要有珲春国遥博诚科技有限公司、吉林东北亚通用航空技术有限公司和长春航空液压控制有限公司3家企业。主要从事固定翼轻型飞机、无人机独立设计制造及数据图像传输处理，以及为民用航空发动机配套少量阀、泵等附件产品。珲春国遥博诚科技有限公司主要业务领域为无人机生产及基于无人机的远距离宽带数据传输服务。其中，纳入中国民用航空工业统计的企业有1家。

二、生产经营情况

2013年，吉林省民用航空工业企业实现产值6490万元（其中珲春国遥博诚科技有限公司6000万元、吉林东北亚通用航空技术有限公司390万元、中航工业吉控100万元）。珲春国遥博诚科技有限公司销售收入5500万元（其中，生产无人机42架，实现销售收入2400万元；航空影像数据处理约30000景，实现销售收入2800万元），净利润1600万元。

三、主要产品

（一）民用飞机

海斯特“工程兵”、海斯特“火影监察者”、海斯特“要塞”、海斯特“袋鼠”等无人机。

（二）航空发动机

与航空发动机配套的液压件和电磁阀。

（三）其他民用航空产品及服务

基于无人机的远距离宽带数据传输服务。

（吉林省工业和信息化厅）

上海市

一、本地区基本情况

2013年底，上海市民用航空工业企事业单位共有40余家，拥有中国航空研究院上海分院、民用飞机模拟飞行国家重点实验室、国家商用飞机制造工程技术研究中心、民用航空先进检测技术实验室等一批科研平台。上海市民用航空工业主要企事业单位有：中国商用飞机有限责任公司（简称中国商飞公司）及其所属中航商用飞机有限公司、上海飞机设计研究院、上海飞机制造有限公司、上海飞机客户服务有限公司、上海航空工业（集团）有限公司；中国航空工业集团公司所属中航工业商用航空发动机有限责任公司（简称中航工业商发）、中航通用电气民用航电系统有限责任公司（简称昂际航电公司）、中国航空无线电电子研究所（简称中航工业上电所）、上海航空测控技术研究所（简称中航工业测控所）、上海航空电器有限公司（简称中航工业上电）、上海西科斯基飞机公司。零部件配套企业：上海新华东光电技术研究所、氰特表面技术（上海）有限公司、蒂森克虏伯航空材料（上海）有限公司、上海上飞飞机装备制造有限公司。维修保障企业：上海波音航空改装维修工程有限公司、上海普·惠飞机发动机维修有限公司、上海科技宇航有限公司、上海东联航空机轮刹车大修工程有限公司、上海柯林斯航空维修服务有限公司、上海凯迪克航空工程技术有限公司、上海航新航宇机械技术有限公司、上海威克特航空地面设备有限公司、上海才才航空设备有限公司等。航空租赁企业：中航国际租赁有限公司等。其中，纳入中国民用航空工业统计的企业有7家。

上海是国家首批“国家新型工业化产业示范基地（航空产业·上海市）”，重点布局为：干支线飞机设计研发布局在浦东张江，飞机装配、大部件制造与试验试飞布局等在浦东祝桥东部，客户服务布局在闵行紫竹；商用航空发动机设计研发、客户服务布局在闵行紫竹，装配试车、单元体制造与试验验证布局在浦东临港；航空电子系统设计研发、集成验证、客户服务布局在闵行紫竹；航空机电设备研发制造与试验验证布局在浦东临港及相关产业园区；航空维修、飞机改装等以浦东、虹桥国际机场周边和青浦出口加工区等地域为主；航材物流以航空港、保税区等为主；航空营销和运营总部、融资租赁企业等以市及各区县专业化产业集聚区为主。

二、生产经营情况

上海地区民用航空产业2013年实现销售收入98.58亿元，同比下降3%；工业企业完成工业总产值103.6亿元，同比增长3.1%；年产值亿元以上企业13家；2013年出口额28.3亿元，同比增长6.6%。

三、主要产品

（一）民用飞机

在研的C919大型客机，ARJ21－700新支线飞机。

（二）航空设备及系统

C919大型客机核心处理系统、显示系统、机载维护和飞行记录系统，航空电子系统总体与综合、航空电子核心处理与综合应用系统、航空无线电导航系统，航空故障诊断设备、健康管理设备、数据采集与处理系统、综合测试设备，航空开关、熔断器、照明设备及信号装置、接插件及联接装置、控制电器及告警装置等。

（三）其他民用航空产品

商用飞机机载液晶显示屏，碳纤维环氧树脂合成材料，航空电线、电缆，合金材料，飞机装配工装、型架和模具，各类紧固件、标准件等。

四、产品开发与技术进步

中国商飞公司：C919 大型客机。科技部与中国商飞公司就国家大型客机创新能力平台建设签署合作框架协议，立足提升我国大型民机领域的自主创新能力，建立国家大型民机科技创新能力建设平台。C919 大型客机铁鸟试验台在中国商飞上海飞机设计研究院正式投入使用。

中航工业商发：CJ－1000A 民用航空发动机及其验证机。与上海超级计算中心合作成立“上海超级计算中心商发分中心”，完成总体性能、控制系统仿真等 4 个设计集成平台上线，有效支撑概念定义阶段数字化设计工作的开展。

昂际航电公司：C919 大型客机项目航电系统集成验证平台（SIVB 2.0）。

中航工业上电所：座舱显示系统、模块化核心处理系统、A664 网络系统、飞行管理系统、中央维护系统、综合信息管理系统、综合环境监视系统等。

中航工业测控所：客舱核心系统、客舱娱乐系统、飞行状态安全实时监测系统、飞机安全视频监视系统、分布式电缆测试系统、飞机大部件装配自动对接系统等。

中航工业上电：座舱智能照明综合机与控制面板组件系统、客舱总线式智能照明综合系统、分布式智能配电系统，以及着陆灯、防撞灯、探冰灯等高性能 LED 机载外部照明设备等。

上海新华东光电技术研究所：商用飞机航空液晶显示终端 10.4 英寸①、2.4 英寸×2.4 英寸模块所需的 TFT－LCD 面板已开发完成，光电指标基本达到设计目标和用户要求，加固模块初样试制已完成；15 英寸机载液晶显示模块进入联调阶段。

上海上飞飞机装备制造有限公司：工装设备。

上海电缆研究所：航空电线、电缆。

① 1 英寸＝2.54 厘米。

五、重大基础设施建设

（一）中国商飞公司

中国商飞公司“一个总部和五大中心”建设顺利推进。中国商飞公司总部基地主体结构封顶，计划 2014 年建成。

设计研发中心：规划用地约 1200 亩，先期规划建筑面积约 20 万米^2，计划 2014 年建成。设计研发中心现有科研人员 1900 余人，大部分已进驻浦东新园区。

总装制造中心：占地约 4000 亩，总建筑面积近 120 万米^2。现有员工 5000 余人，目前部装、复材、物流等 7 大厂房完工，大批设备进驻，4 个投入试生产，部装等部分厂房已投入使用，计划 2014 年全部投入使用。

客户服务中心：占地近 190 多亩，总建筑面积 10 多万米^2，现有员工 500 多人。目前二期工程完工，客户支援中心和技术交流中心已投入使用。

民用飞机试飞中心：已于 2012 年 4 月 23 日正式在龙华办公大楼挂牌成立，现有员工 240 多人。

（二）中航工业商发公司

研发基地位于闵行紫竹科学园区，占地 450 亩。目前已完成总部及研发中心大楼、软件与信息化等一期建设并投入使用。

装试基地位于临港重装备产业区，占地 1250 亩。目前已完成总装厂房主体结构封顶与装配工艺布局方案优化设计，完成 2 座整机试车台土建桩基工程，基本完成核心机试车台建设技术论证。

（三）昂际航电公司

中航民用航空电子产业园占地 186 亩，目前一期工程正在顺利进行中。

（四）上海机场（集团）有限公司

按照中国商飞公司型号研制节点目标，浦东机场第四跑道作为试飞过渡用跑道已经具备使用条件，第五跑道处于堆载预压阶段。

六、行业管理主要工作

一是继续大力支持干支线飞机和商用航空发动机等的研制与产业化发展，加快上海民用航空产业做大做强步伐，逐步将上海建设成国家民用航空产业的重要基地。

二是继续推进《上海市民用航空产业“十二五”发展规划（2011—2015 年)》的贯彻实施。

三是贯彻落实《上海市推进战略性新兴产业民用航空专项工程实施方案（2012—2015 年)》，支持一批重点项目；支持和鼓励核心企业、高等院校、科研机构承担国家和市级民用航空类研究中心、实验室等的建设任务。

（上海市经济和信息化委员会）

江苏省

一、本地区基本情况

2013 年，江苏省民用航空工业规模以上企业 35 家，从业人员 2 万余人。其中，纳入中国民用航空工业统计的企业有 18 家，民用航空产业园区（基地）主要集中在南京、无锡、苏州、镇江等地。常州、南通、盐城、淮安等市依托各地空港建设亦积极发展通用航空产业。

二、生产经营情况

2013 年，江苏省民用航空工业实现产值 286.8 亿元，同比增长 20.8%；出口 80.3 亿元，同比增长 9.1%；利税 21.4 亿元，同比增长 25.3%；利润 16.7 亿元，同比增长 25.5%。

三、主要产品

（一）整机技术与产品

轻型飞机、公务飞机、无人机。

（二）航空轻型动力技术与产品

包括 100 ~ 500 马力[①] 活塞式发动机；800daN 以下（重点是 500daN 以下）推力的涡喷/涡扇发动机；1 兆瓦级功率以下燃气轮机；航空动力辅助系统。

（三）航空电子系统技术与产品

包括航空通信系统、飞机座舱仪表显示系统、DLD－100C 型 S 模式单脉冲空管二次雷达、GLG－33 型 S 波段近程空管一次雷达、DLD－200A 型 ADS－B、GLC－18F 型机场 C 波段天气雷达、YTD1 型机场 X 波段天气雷达、YKJ2 型机场风廓线雷达、高空气象探测雷达、卫星云图接收设备、数字式电子探空仪等。

（四）航空机电系统技术与产品

包括航空发动机电子控制系统、航空惯性导航系统、航空发动机参数采集器、航空发动机民用飞机和直升机飞控计算机、液压传动系统、电源/电气系统、燃油系统、环境控制系统、装载及空投系统等。

（五）航空保障技术与产品

包括航空指挥调度系统、航空灯光电源系统（探冰灯、标志灯、翼尖保护罩、翼根保护罩）、航空检测设备、大型客机客户服务应用系统集成平台软件、市场与客户支援管理系统、飞机状态监控及健康管理系统、信息系统综合测试平台、便携式外场测试仿真系统、适航管理工作平台及登机廊桥、加油车、飞机维护等地面综合保障设备和系统。

（六）其他航空技术与产品

包括航空安全座椅、航空内饰件、航空新材料（以气凝胶、相变材料等新材料为代表的航空航天保温隔热材料、铝合金型材、航空发动机叶片用铸造母合金、高温合金、碳/碳复合材料、超级纤维、钛合金、镍合金、铜合金、精密不锈钢制品等）、航空精密轴承、飞机轮毂、航空发动机零部件（航空发动机叶片，整体叶盘，静叶片，导叶片，机匣，实心或带陶瓷型芯的透平动、导叶片及结构件等）。

四、产品开发与技术进步

南京锐瀚航空部件有限公司承担的中国商飞公司 C919 大型客机环控系统高压及低压管路系统设计、开发已基本冻结，即将进入详细工程图样设计阶段。

江苏希西维轴承有限公司开发的 ARJ21－700 飞机登机门优化试验件拉杆及轴承，共 11 个型号正在有序进行，预计 2014 年 10 月交付。

航天海鹰（镇江）特种材料有限公司承担的 C919 大型客机首件副翼铁鸟试验件于 2013 年 11 月正式下线，并成功交付中国商飞公司。

江苏美龙航空部件有限公司承担的 C919 货舱壁板等产品正式下线，并成功交付中国商飞

① 1 马力＝735.5 瓦。

公司进行铁鸟试验台试验。

江苏捷科彤明航空电器有限责任公司承担的C919航空灯光电源及系列灯光，已委托第三方进行测试。

苏州福瑞盛公司2013年共投入1400万元，实施IN718直角内翻边成形技术、合金材料Rene 41无开裂环轧技术、高温合金局部精确成形技术、高精密无杂质双边冲孔技术、Inco 783新材料异形锻造技术、航空发动机用低压涡轮导流罩钛合金锻件高温蠕变性能等6项高新技术及高延展性闭模航空锻件、高屈服强度薄壁异形钛合金环锻件等2项高新产品的研发。

五、重大基础设施建设

由中航工业金城集团有限公司和美国派克宇航集团合资设立的中航派克大型民用客机燃油液压系统项目于2013年8月12日正式签约落户南京空港枢纽经济区，项目总投资4350万美元，主要从事飞机燃油液压系统的研发、生产和销售。

中航工业南京轻型航空动力有限公司与西北工业大学签署的发动机整体叶盘项目、与德国ESW公司签署的航空特种装备项目、与德国星模（SimPlan）公司签署的工程仿真与优化项目、与景视水下科技签署的“头盔式彩色图像声呐”项目落户南京空港枢纽经济区。

中航工业南京轻型航空动力项目一期工程建设于2013年底竣工，该项目主要从事活塞发动机产品、飞机第二动力系统及其他轻型航空动力产品的研发、生产、总装、总试、维修、营销和售后服务。

南京晨曦航空动力科技有限公司厂房及基础设施建设于2013年6月竣工并投产。该公司引进英国弗劳德（Froude）、美国霍尼韦尔（Honeywell）、法国透博梅卡（Turbomeca）等公司的先进技术设备，建有航空发动机数字控制仿真平台、航空涡轴发动机测试系统实验室、航空涡轴发动机移动测试平台、航空涡轴发动机直升机飞行试验平台、无人机飞控仿真实验室、直升机旋翼试验转台等研发和生产场所。

镇江大路通用机场项目一期工程已经完成建设并进入工程验收，该项目总投资4.8亿元，二期工程已正式启动。

六、行业管理主要工作

2013年是江苏工业经济转型升级的关键时期，江苏省政府在制定相关政策时亦将民用航空产业作为全省高端发展的重要内容之一。一是在《江苏省“十二五”高端装备制造业推进方案》中，确定了航空航天装备将重点发展大飞机、民用支线飞机、直升机、无人驾驶飞机、多用途通用飞机、卫星通信设备、雷达等各类整机制造及相关机载设备、关键材料和基础元器件等配套产业。二是全力打造沿沪宁线国家级航空装备产业带，支持南京、无锡、苏州、镇江等重点航空产业集聚区建设，把南京建成国内有较大影响力的航空航天产业研发制造基地。三是在《江苏省首台（套）重大装备及关键部件认定管理实施细则》中，明确重点支持研制航空航天装备领域中具有原理、结构、性能等重大创新，节能、节材、环保等特征显著的重大关键成套或单机装备，以及与上述装备配套的关键部件。

（江苏省经济和信息化委员会）

浙江省

一、本地区基本情况

截至 2013 年底，浙江省涉及民用航空工业的企业逾 150 家，有代表性的企业主要有西子航空工业有限公司、浙江美盾防务技术有限公司、中科院宁波材料所、浙江金马逊机械有限公司、浙江圣奇运动器械制造有限公司、精功集团、杭州天扬机械有限公司、浙江通航航空产业有限公司、浙江新洲通用航空有限公司、上海启德通用航空有限责任公司上虞启德通用航空产业基地等，主要分布在杭州、宁波、嘉兴、绍兴、金华、台州、丽水等市。其中，纳入中国民用航空工业统计的企业有 4 家。

二、主要产品

产品涵盖飞机制造所需的机体、动力系统、机载设备和地面设施制造及宇航电连接器、航空复合材料等种类，并已将产业链延伸至航空模拟培训设备和轻型飞机制造及航空器租赁、代管、作业服务等航空服务业。

三、产品开发与技术进步

西子联合控股有限公司作为第一家通过招标进入大型客机制造领域的民营企业，成为浙江省企业进入航空产业的样板企业；嘉兴美盾公司的舷舱玻璃通过多年与国外航空公司的合作，现已成为浙江省第二家签约 C919 大型客机配套项目的企业。杭州天扬机械有限公司通过与国际大型航空企业的合作，掌握航空机匣的加工工艺，现已同国内多家航空企业建立合作关系，承担机匣、叶轮的加工任务。

四、重大基础设施建设

规划在湖州德清建设的通用航空产业基地已经通过审批，总规划面积 20.5 千米^2，其中包括一个通用航空机场；到 2020 年，通航机场成为区域通用航空飞机起降、培训、旅游、会展中心，基地的通航产业制造业与服务业规模在全国处于领先地位，成为长三角通用飞机一体化服务中心和国家级通用航空高技术产业基地。

五、行业管理主要工作

浙江省制定颁布《杭州空港新城产业发展规划》和《宁波市航空运输业发展规划》，依托空港和中心城市，形成集中的物流和人才集聚优势。嘉兴市政府积极争取将嘉兴市军用机场改建成军民两用机场，湖州市建设德清通用航空产业基地，通过发展航空产业促进地方产业结构的转型升级。

（浙江省经济和信息化委员会）

安徽省

一、本地区基本情况

安徽省民用航空工业主要依托中航工业合肥江航飞机装备有限公司（简称中航工业江航）、中国人民解放军第5720工厂芜湖双翼航空装备科技有限公司（简称双翼公司）等单位发展航空制氧设备、仪表制造和维修服务等相关产业。其中，纳入中国民用航空工业统计的企业有2家。

二、生产经营情况

中航工业江航2013年实现营业收入14.2亿元，较2012年同比增长5.8%。其中，民用航空产品419万元，同比增长30.1%。

双翼公司2013年度销售收入突破千万元。

三、主要产品

（一）航空设备及系统

航空供氧、飞机副油箱、航空制冷设备、航空地面设备、敏感元件、机械式停车设备、等产品的生产与销售，主要产品为AC313配套的两项氧气调节器（YTQ－38/MF氧气调节器、YTQ－21B/MF氧气调节器）、中航工业哈飞的运12－F（FYX－260）副油箱、转包生产的波纹管等。

（二）航空维修

民用飞机气动、空调、液压、操纵、燃油、电源等系统的机械部件维修，具备东方航空、厦门航空、深圳航空、海南航空、中国国际航空、中国货运航空、奥凯航空、山东航空、中国联合航空等9家航空公司的合格承修商资格。

（三）其他民用航空产品

民用飞机气动、空调、液压、操纵、燃油、电源等系统的设计与制造，包括液压泵、马达、伺服机构等液压部件，以及大流量阀门、空气循环机、空气涡轮起动机、热交换器等气动部件。

四、产品开发与技术进步

中航工业江航目前进行ARJ21－700飞机氧气系统设备/成品“单向阀”和“消音器”的设计、制造及试验工作以及民用氧气系统国产化研究项目。

双翼公司申请了欧洲航空安全局（EASA）145部维修管理体系认证；开展了66项新件号的技术开发和修理工装设计工作；依托国家级创新项目支持，启动了总投资1200万元的发电机、燃油附件综合试验台添置计划，成功维修了A330空气涡轮起动机，填补了国内该件号起动机修理空白。

五、行业管理主要工作

安徽省民用航空工业基础薄弱，单位较少，且都处于配套位置，有参与民用航空工业发展的机遇和条件。

安徽省国防科学技术工业办公室坚持军民结合，建立军民融合式发展体系，推进民用航空工业发展。一是适时组织对民用航空工业发展规划进行宣贯，选准战略定位，使之协调健康发展。二是积极发挥行业管理的作用，做好政策引导，促进产业发展。三是抓住国家大力支持先进装备制造业的契机，充分发挥安徽军工单位综合优势，通过产学研用合作，努力打造具有军民两用特征的关键零配件研发生产、维修服务的产业体系，逐步形成较为完整的民用航空产业基础。

（安徽省国防科学技术工业办公室）

江西省

一、本地区基本情况

江西省现已形成教练机、直升机、无人机以及通用飞机等比较完善的航空产业体系，拥有江西洪都航空工业集团有限责任公司（简称中航工业洪都）、昌河飞机工业（集团）有限责任公司（简称中航工业昌飞）、九江红鹰飞机制造有限公司、江西景航航空锻铸有限公司等整机制造、配套企业和中国直升机设计研究所（简称中航工业直升机所）、洪都飞机设计研究所、南昌航空大学、江西航空职业技术学院、吉安航空运动学校等航空科教和飞行培训单位，江西直升机产业投资管理有限公司和江西瀚星投资有限公司等通航飞机销售企业。拥有南昌航空产业国家高技术产业基地，景德镇直升机研发生产基地（国家新型工业化产业示范基地），国家级企业技术中心2个、省部级重点实验室（工程中心）12个、航空专业博士后科研工作站3个、硕士点70个。其中，纳入中国民用航空工业统计的企业有4家。

二、生产经营情况

2013年，江西省航空制造产业实现销售收入300.3亿元，同比增长23.6%；完成工业增加值58.7亿元，同比增长29.7%；实现利润近20亿元，同比增长26.3%。

三、主要产品

主要民用航空产品有：农5系列农林专用飞机、13吨级AC313系列直升机、2吨级AC311系列直升机，组装生产3吨级CA109直升机等。为古德里奇公司GR787飞机生产发动机短舱零部件，为美国胜利集团沃特公司生产波音747－8飞机48段等部件，承担C919大型客机前机身和中后机身部件、后缘襟翼及航空锻件、铸件和航空电缆、导线和防波套等产品。

四、产品开发与技术进步

通用飞机：以公务机、农林飞机、特种飞机等项目进行通用飞机研制，如发展新型农林专用飞机、公务机等。

L7运动/教练机：中航工业洪都在初教6飞机的基础上进行了全机设计优化，研制出的一款效费比更高的运动教练机，采用了涡桨发动机和电子化座舱，在性能指标上全面超越初教6，技术进步明显，设计、工装等所有工序全部采用数模技术，机身可靠性和抗疲劳性更加优化，座舱配备更加符合国际惯例。L7飞机01架完成总装，正在进行试飞测试改装，02架开展部件铆接及静力试验，03架2013年10月5日初装交付，正在进行总装和弹射试验。

农5B农业飞机：中航工业洪都对国内外农业飞机市场详细调研基础之上研发的一款新型农林专用飞机，在结构、药箱载量、舒适度和作业设备等方面有重大改进。2013年工作主要围绕适航试飞展开，001架完成10架次飞行训练、33架次适航试飞，002架完成除机身翻倒试验外的全部试验，004架完成调整试飞，转入适航验证试飞。

C919大型客机机身段：已全面完成翼身组合体研制任务，如期实现下线交付。翼身组合体分前后两段，2013年已陆续完成翼身组合体试验件前过渡段壁板开铆、前段装配、后段装配，并通过上海飞机设计研究院组织的下线验收评审，12月16日运抵西安阎良。随着C919项目和质量管控体系逐步建立，项目研制生产流程开始有效运转，流程基本打通，关键技术瓶颈实现突破。

AC313直升机：按照中国民用航空规章CCAR－29研制的大型民用直升机，最大起飞重量13吨，机身采用全数字化设计，采用钛合金桨毂、复合材料桨叶的第三代旋翼系统，安全性、技术水平及飞行性能取得较大突破；2012年取得型号合格证（TC）和生产许可证（PC），2013年12月18日通过中国民用航空局（简称中国民航局，CAAC）AEG审查。

AC311直升机：通过对现有直11基本型民机取证平台重大改进，进行重新构建外形、换装霍尼韦尔发动机、航电系统改进、旋翼系统国产化研制、提高寿命和可靠性、改进飞行控制系统、改进内饰和座椅，形成新的2吨级民用直升机基本平台；2010年实现首飞，2012年取得型号合格证（TC）和生产许可证（PC），并通过中国民航局AEG最终评审；2013年为提升AC311型机竞争力，启动研制AC311A型直升机，换装ARRIEL2B1A发动机，提升了AC311直升机高温高原能力，扩大了使用区域；通过研制综合航电系统，突破轻型直升机综合航电设计技术，解决了AC311用途拓展的制约；同时改进旋翼系统，提升旋翼系统的寿命可靠性，并对增稳系统、电气系统进行技术升级，通过试验、试飞验证，最终获得中国民用航空局适航证。

AC352直升机：法方EC175完成适航符合性验证工作，并取得EASA型号合格证，中方机型完成了系统级详细设计评审。

AC3X2三吨级先进轻型双发直升机：年初全面开展可行性研究和立项论证，年底完成项目建议书编制和评审，并正式上报中国航空工业集团公司。

五、对外贸易与合作

江西省民用航空工业对外贸易与合作主体主要为中航工业洪都和中航工业昌飞两家单位。

中航工业洪都先后与空客、古德里奇和波音等国际知名企业建立了良好的合作关系。2013年，中航工业洪都国际航空转包生产交付总值约461万美元，同比增长28.12%。中航工业洪都研发的L7与俄罗斯雅克设计局积极开展技术合作，方案设计主要由俄罗斯雅克设计局负责，详细设计主要由中航工业洪都负责。

中航工业昌飞完成了美国西科斯基公司S92型直升机、S300型直升机和意大利阿古斯特公司A109及波音零件转包生产交付，与美国西科斯基在原S76C++直升机基础上对S76D型直升机进行改进改型研制。

六、重大基础设施建设

南昌航空城建设持续稳步推进，厂房建设初具规模。南昌航空城一期厂房多数竣工，进入收尾阶段，具备初步生产能力；2013年10月17日，C919大型客机前机身在大部件装配厂房正式开铆，二期项目的行政大楼及厂房完成主体工程建设。

七、行业管理主要工作

航空产业被江西省委、省政府列为十大战略性新兴产业之首。作为航空产业的主管部门，江西省国防科技工业办公室全力推动航空产业的发展，协调省政府先后出台《关于支持洪都集团大飞机项目建设及发展的意见》等政策性文件，并即将出台《加快江西省通用航空产业发展的意见》，编制了《江西省十大战略性新兴产业（航空制造）发展规划》、《江西省航空制造产业延伸产业链发展规划》、《景德镇直升机产业发展规划》，规划重点围绕建设南昌航空产业国家高技术产业基地，在南昌、景德镇、九江三个航空产业集中的地区进行布局，着力构建“一城两园区”，即南昌航空城、景德镇直升机产业园区、九江红鹰飞机产业园区。

（江西省国防科学技术工业办公室）

山东省

一、本地区基本情况

2013 年，山东省民用航空工业保持快速发展趋势。截至 2013 年底，山东参与民用航空产品生产的企事业单位有 30 余家，主要民用航空工业企事业单位 6 家。有 1 家单位建立了国家级工程技术中心，超过 10 家单位建立了省级技术中心或工程技术研究中心。其中，纳入中国民用航空工业统计的企业有 7 家。

二、生产经营情况

2013 年山东省规模以上民用航空工业企业完成工业总产值 10.78 亿元、实现主营业务收入 12.03 亿元、利税总额 1.21 亿元。

三、主要产品

山东省航空企业主要产品或服务包括：DA40 型通用飞机，航空地面电源、升降平台车、飞机牵引车、飞机启动气源车、客梯车、行李传送带车等航空地面设备，飞机刹车盘、飞机雷达罩等航空配套产品以及飞机维修等。

2013 年，完成飞机整机维修 309 架次，航空器附件修理 8740 件，生产 DA40 飞机 25 架，V750 无人直升机 4 架，机场地面设备 105 台套。

四、产品开发及技术进步

山东滨奥飞机制造有限公司完成 4 架 DA40NG 机体和 3 架国内采购原材料样机的生产，新机型的研制将进一步扩大企业的市场范围，同时也为客户提供了更多的选择，增强了企业的竞争力。

山东太古飞机工程有限公司是山东省重点飞机维修企业，2013 年成功获得通用电气（GE）公司 CF34 系列发动机授权服务站资格，首次成功完成波音 737－400 飞机襟翼性能提升改装。

威海广泰空港设备公司坚持“绿色航空”、“低碳航空”，其绿色空港设备相关内容，被列入中国民航局节能减排专项资金项目申报的设备选型指南。

五、对外贸易与合作

山东省民用航空工业对外贸易与合作单位主要有：滨州市与奥地利钻石飞机有限公司合资的山东滨奥飞机制造有限公司，潍坊天翔航空科技有限公司与美国勃兰特利国际公司合资的潍坊天翔航空工业有限公司，普利斯通公司在青岛设立的青岛普利司通飞机轮胎有限公司等。其中山东滨奥飞机制造有限公司飞机生产与交付取得历史性突破，2013 年 9 月，其第 100 架飞机下线，2013 年内签署 51 架飞机销售合同，交付飞机 41 架，均创单年新高。

六、重大基础设施建设

2013 年，山东省航空产业园建设进展顺利，规模不断扩张。

济南航空维修与配套工业园已于 2009 年 5 月揭牌，园区规划面积 8 千米^2。

滨州航空产业园规划面积 3000 亩，山东滨奥飞机制造有限公司、大高航空城有限公司等已在园区落户。

青岛西海岸出口加工区为确保中俄直项目使用需求以及开发区山东通用航空产业园未来发展，与开发区共同落实试飞场跑道建设时间表，启动试飞场建设，确保满足维修飞机的硬件配套设施。

中航工业与青岛市合作建设的中航工业产业园占地 600 亩，于 2011 年 6 月由中航工业与青岛市签订协议共同建设，被国家科技部批准为国家级科技企业孵化器，园区建设进展顺利。

七、行业管理主要工作

一是搞好行业调查研究。在全省范围内，深入开展军民结合产业调研活动，将民用航空产业作为调研的一项重要内容。实地调研多个地市的民用航空企事业单位，进一步理清了发展思路，增强了产业发展信心。

二是加强了对重点项目动态跟踪协调服务。加强对在建项目考察调研，汇总建立起一批航空在建项目库，先后开展在建项目书面调研和现场考察，梳理一批地方政府、地方企业或中央军工集团合作设立及建设的民用航空项目，筛选重点，做好协调服务。

三是组织开展青少年航空教育。由山东航空产业协会与空军联手共建，成立青少年航空教育领导小组。2013 年 5 月，在滨州组织召开中国青少年航空教育调研座谈会，实地考察了青少年航空教育滨州试点学校，利用师生业余时间，推进军民融合，探索建立航空教育业余培训链条。

四是探索加快空域管理改革途径，努力推进低空开放。推进山东省空域管理改革步伐，加强山东地区空管工作的组织领导。山东航空产业协会与驻鲁空海军及空管部门坚持军地联席会议制度，半年召开一次军地联席会议，分析空域管理改革现状，积极推动低空空域管理改革。

（山东省国防科学技术工业办公室）

湖北省

一、本地区基本情况

2013 年，湖北省民用航空工业企事业单位共计 17 家。主要包括：中航工业武汉航空仪表有限责任公司（简称中航工业武仪）、中航工业航宇救生装备有限公司（简称中航工业航宇）、中航工业中国特种飞行器研究所（简称中航工业特飞所）、湖北易瓦特科技有限公司、武汉航达航空科技发展有限公司、凌云科技集团有限责任公司、湖北超卓航空技术有限公司、武汉智能鸟无人机有限公司、武汉天河南方航空技术开发有限公司、湖北航宇嘉泰飞机设备有限公司、襄阳宏伟航空器有限责任公司、湖北太航星河飞行器制造有限公司、襄阳航力机电技术发展有限公司、中国人民解放军第 5713 工厂、宜昌和达利复合材料股份公司、湖北星航宇伺服科技股份有限公司、荆州市锦钿航空配件有限公司。其中，纳入中国民用航空工业统计的企业有 7 家。

二、生产经营情况

2013 年，湖北省民用航空工业企事业单位实现工业总产值 66 亿元，完成工业增加值 17.4 亿元，实现利润 1.6 亿元。截至 2013 年底，上述 17 家企业的从业人员总数约为 1.62 万人。

三、主要产品

（一）民用飞机

A2C 超轻型水上飞机，“金雕”系列超视距无人飞艇，EWZ－S8 八旋翼无人机、EWZ－1B 无人直升机、EWG－Ⅱ固定翼无人机、“智能鸟”KC2000 油动三角翼无人机、“天鹰”1600“智能鸟”无人机、“智能鸟”KC2800 无人机、“智能鸟”长航时无人机、“智能鸟”SY2000 型伞翼无人机、“智能鸟”KC2400 无人机、“智能鸟”KC09 型无人机、“智能鸟”电动多轴六、四旋翼无人机。

（二）航空设备及系统

航空液压、电气电子和环控系统及附件，航空电动机，电液伺服系统及其重要控制元件。

（三）民用飞机零部件制造

机载产品，包括攻角传感器、双组合液压表、轮胎压力表、结冰探测器、压力信号器等，应用于 AC313、“新舟”60、运 12F、C919、“新舟”700、大型灭火/水上救援水陆两栖飞机等民机。

（四）其他民用航空产品

商用飞机客舱座椅、飞机生活设施，热气球、滑翔伞、动力伞、回收伞，芳纶蜂窝，航空内饰件、精密模具和精密零件等。

（五）航空维修及服务

民航整机和航空部件维修，目前已取得运 7 系列、运 12 型、运 8 系列飞机 D 检（含）及以下定检，“新舟”60 系列飞机 4C 检（含）及以下定检，EMB145 飞机 4C 检（含）及以下定检，波音 737NG 飞机 2C 检（含）及以下定检；获得中国民航局批准的各型飞机部件维修许可项目 2700 余项，涉及民航主要在役机型的气动、液压、拖动、燃油、电气和电子类部件，以及喷漆、无损检测、热表处理等特种作业能力；气动附件维修；飞机零部件的维修，包括电子电气设备、厨房设备、救生附件、座舱附件、机轮刹车、液压附件和空调散热器等。

（六）相关产业的产品及服务

腐蚀防护产品（缓蚀剂、清洗剂）。

四、产品开发与技术进步

（一）产品开发

中航工业特飞所开展了大型灭火/水上救援水陆两栖飞机、“海鸥”300 轻型水陆两栖飞机、A2C－L 超轻型陆上飞机、系留气球平台系统、低空载人观光气球、地效翼船和载人飞艇的研制工作。

中航工业武仪开展了民用飞机电脉冲除冰系统技术研究。

（二）技术进步

武汉航达航空科技发展有限公司：积极开展航空机载附件的研发和国产化，获得多项国家发明专利和数十项实用新型专利。同时，航达也成为C919大型客机、ARJ21新支线飞机以及“新舟”60配套的少数几个国内民营供应商之一。

凌云科技集团有限责任公司：完成涡轮冷却器、空气起动机工装设备购置技术协议和合同签订、环控实验室测控间基础改造工作；新增108项民航部件维修能力，取证首修成功210件，“新舟”60飞机点火激励器、EMB145及波音飞机蓄电池形成批量修理能力。

湖北超卓航空技术有限公司：公司开发的BF液压泵试验台和磷酸酯动作筒、伺服阀、液压马达综合试验台都已获得实用型新型专利。

湖北航宇嘉泰飞机设备有限公司：2013年完成15个座椅研发项目，新研座椅的整体吸能机构满足16*g*动态性能指标，得到美国联邦航空局（FAA）认可。

襄阳航力机电技术发展有限公司：综合处理化工尾气的涡轮膨胀制冷发电装置项目于2013年10月被批准为国家级技术创新基金项目，一种利用化工废气制冷循环发电系统的研发获批2013年湖北省重大科技创新计划（重大关键技术研发类）项目。热动力综合性能实验室2013年被批准为襄阳市科技创新平台项目重点实验室；有机化合物回收控制评定为襄阳市工程技术研究中心。

宜昌和达利复合材料股份公司：2013年4月取得“一种新型国产芳纶纸大尺寸蜂窝材料”实用新型专利证书。

五、对外贸易与合作

湖北易瓦特科技有限公司：2013年初成功与美国旋翼机专家丹尼斯·菲特斯先生团队达成战略合作协议，双方将合作开发大型旋翼型无人机和两座载人机，并在中国各领域推广。

湖北航宇嘉泰飞机设备有限公司：2013年，湖北航宇嘉泰飞机设备有限公司成功取得波音BFE座椅供应商资质和庞巴迪供应商资质，并与波音合作开展“原型座椅先行验证计划”项目。另外，还与美国本土KAPCO签订了合作协议，成立ELAN飞机座椅有限公司。

宜昌和达利复合材料股份公司：与美国杜邦公司、美国赫氏（Hexcel）公司、美国雅奇公司、美国波音公司等公司建立良好的合作关系，在主要原材料供应和市场开发应用方面都具有充分的技术保障。

六、重大基础设施建设

（一）园区和产业基地建设情况

襄阳航空航天工业园是工业和信息化部批准的“国家新型工业化产业示范基地”，经过3年建设，主体园区初具规模，已完成800公顷①土地建设，实现销售收入350多亿元，上缴利税超过10亿元。目前，已入驻企业195家。其中，大型国有企业近20家，包括中航工业有关单位、航天四院第42研究所、中国兵器集团有关单位、新兴际华集团、中铁十一局、空军5713工厂、3542工厂、3545工厂、新兴重工湖北3611机械有限公司、汉江集团等航空航天及军工领域知名大企业；规模以上企业达到120多家。拥有国家级研发中心2个，省级研发中心7个，拥有专利达960项。

武汉直升机集团公司2013年6月在武汉市汉南区签约发展通用航空项目，投资30亿元，建设直升机工业产业园、通用航空机场、通航培训学院，项目达产后将实现年产值40亿元。

卓尔控股集团与美国TFH控股公司于2013年9月签署战略合作框架协议，投资100亿元在武汉市黄陂区发展通用航空产业，从引进型号入手，发展飞机制造、零部件生产、通航运营、航空培训等业务。

（二）企业基础设施建设情况

湖北易瓦特科技有限公司：计划投资5亿元分两期建设航空产业园，目前公司已与武汉市蔡甸区人民政府签订一期园区协议。

凌云科技集团有限责任公司：在宜昌开展了凌云民用飞机维修基地项目，入驻宜昌通航产业园，占地500亩。

---

① 1公顷＝10000米^2。

湖北超卓航空技术有限公司：2013 年公司新建航空部附件测试研发中心，位于襄阳市高新区航空航天工业园对面。基地西临廖家庄路，北临台子湾路。规划总用地面积约 24571 米^2（约 36.2 亩），总投资为 36600 万元。

湖北航宇嘉泰飞机设备有限公司：2013 年，自主筹资投入技改 815.25 万元开展设计验证与生产能力建设，实现座椅总装生产线年产 12000 座的产能规划。

襄阳航力机电技术发展有限公司：完成辅助动力系统 APS 综合试验台，制冷设备装配车间技术改造，产品检测能力技术改造，钎焊车间技术改造等项目。

七、行业管理主要工作

一是促进军民融合。一方面，支持军用航空工业企业参与民用航空工业产品的研发和制造，带动民用航空工业技术进步。另一方面，引导民用航空工业企业进入军品科研生产和维修领域，提供军用航空产品准入资质的咨询、辅导和服务。

二是认真开展工业信息化部《民用航空工业中长期发展规划（2013—2020 年）》的宣传贯彻和组织实施工作。

三是启动了全省民用航空工业的综合调研工作，掌握全省民用航空工业的企业分布、产品类型和技术特点等情况。

（湖北省国防科学技术工业办公室）

湖南省

一、本地区基本情况

湖南已形成完整的民用航空工业科研生产体系。全省主要民用航空工业企事业单位包括中航工业湖南资产经营管理有限公司、中国南方航空工业（集团）有限公司（简称中航工业南方）、中航飞机起落架有限责任公司（简称中航工业起落架）、中国航空动力机械研究所（中航工业动研所）、中航工业长沙中传机械有限公司（简称中航工业中传）、中航工业长沙5712飞机工业有限责任公司（简称中航工业长飞）、国营长江动力机械厂（简称中航工业长江）、湖南南方宇航工业有限公司、长沙鑫航机轮刹车有限公司、中航动科南方燃气轮机成套制造安装有限公司、中航规划建设长沙设计研究院有限公司、中航国际供销长沙公司、山河科技股份有限公司、湖南博云新材料股份有限公司、长沙航空职业技术学院、张家界航空工业职业技术学院等16家单位。全系统拥有资产总额149.5亿元，从业人数19200多人。其中，纳入中国民用航空工业统计的企业有6家。

二、生产经营情况

2013年，湖南省民用航空工业总产值20.5亿元，利润3.17亿元，同比分别增长10.3%和16.2%。

三、主要产品

（一）民用飞机

SA60L轻型运动飞机、SUT90固定翼无人机、SUF30航拍无人机、多轴旋翼无人机、ST系列动力三角翼。

（二）航空发动机

涡轴、涡桨、中小涡扇、活塞发动机。

（三）航空设备及系统

各类飞机前、主机及电子防滑刹车系统。

（三）航空零部件

涡桨、涡轴、涡扇以及辅助动力装置零部件生产；飞机起落架系统、波音、空客公司侧撑杆、防扭臂等零部件，EC175直升机尾传动系统，AC313型机中尾减速器生产；承担加拿大普拉特·惠特尼（简称加拿大普·惠）、美国霍尼韦尔、汉胜、法国透博梅卡等国外知名民用航空产品的零部件转包生产。

（四）航空维修

航空发动机、飞机起落架修理等。

四、产品开发及技术进步

中航工业南方开展活塞9（HS9）活塞发动机系列化研制，已于2013年取得型号合格证。

中航工业起落架、长沙鑫航机轮刹车有限公司和湖南博云新材料股份有限公司分别承担C919客机起落架系统、前机轮和热库的研制生产，目前已完成起落架系统的初步设计，进入试验件的研制生产阶段。

中航工业动研所负责的涡轴16发动机已完成整机装配，整机试验验证工作有序推进。

中航工业中传承担的AC313A直升机众位减速器研制项目进展顺利。

山河科技股份有限公司承担了国家科技支撑计划课题“杂交水稻全程机械化制种关键技术研究与示范”（无人机部分），农用多轴旋翼无人机和农用动力三角翼已开始进行试验和示范应用。

五、对外贸易与合作

2013年湖南民用航空工业持续加快推进对外贸易与合作。中航工业南方与加拿大普·惠公司组建通惠航空发动机维修公司，开展中国国内和亚太地区涡桨发动机的修理；与法国透博梅卡公司签署了开展3吨级直升机动力系统生产合作备忘录，与法国斯奈克玛公司签署了开展涡桨桨级部件研发合作的谅解备忘录。2013 年，中航工业南方与法国斯奈克玛公司、透博梅卡公司、加拿大普·惠公司、美国霍尼韦尔公司、汉胜公司、莱康明公司进行了多次商务洽谈和技术讨论，并参加了巴黎航展、美国直升机展等国际展会。霍尼韦尔和湖南博云/长沙鑫航成立合资企业实施 C919 机轮轮胎刹车系统生产项目，并与中国商飞公司签署供货主合同，成为中国商飞公司机轮刹车系统唯一供应商。中航工业中传承担美国 GE 公司、加拿大北星公司和伊朗航空齿轮配套产品转包生产；湖南山河科技股份有限公司对外引进原材料与航空发动机、航空通用飞机仪表等外购件，进口额 145 万元。

六、重大基础设施建设

（一）株洲航空产业示范园基础设施建设

计划总投资 16 亿元，占地面积 1385 亩，是株洲通用航空产业发展的平台基础，依托航空产业示范园，重点建设的配套项目包括：机场大道、千亿大道等主干道，董航路、航展路、启腾路等次干道，总计 12.13 千米的道路建设，以及航空配套企业孵化园建设。

（二）株洲公共试飞平台项目建设

株洲航空产业园以株洲通用机场为载体，建设公共试飞平台项目，总投资 4.5 亿元，占地面积 609 亩，主要建设项目包含：通用航空飞行管制指挥系统，包括行管楼及塔台工程、自动相关监视系统等，项目建成后可为株洲市的通用航空产业发展提供必要的基础支撑和服务保障，为通用航空企业开展飞行器试飞、发动机试验、试飞员培训等航空活动提供飞行保障，带动湖南航空装备制造业的发展，预计到 2017 年项目年产值可达 10 亿元。株洲通用机场已于 2013 年 9 月开工建设，预计 2014 年底投入使用。

（三）中航工业起落架转包生产二期建设项目

中航工业起落架承担着国内多种重点型号飞机起落架的设计和制造任务，公司同时积极开拓国际航空产品转包生产市场，已成为梅西埃－道蒂公司和古德里奇公司世界两大起落架专业化工厂的合格供应商。为适应不断扩大的转包产品订单的生产需求，公司投资 3.2 亿元，新增厂房 24000 米^2，新增设备 158 台（套）。项目预计 2014 年竣工，2013 年已完成新增厂房建设并采购工艺设备 85 台（套）。

七、行业管理主要工作

（一）加强行业规划

湖南省政府于 2013 年 10 月审议通过《湖南省通用航空发展规划（2013—2020 年）》，明确未来湖南省通用航空发展的总体目标和发展重点，规划全省各市州的产业布局，提出具体的政策和资金保障措施。湖南省成立湖南地区低空空域管理改革实施领导小组，建立联络员制度，完成湖南地区低空空域管理改革实施细则等文件的起草工作。组织召开湖南地区低空空域管理改革军民航协调会。

（二）加大政策资金扶持

湖南省持续整合省内财政各类专项资金对民用航空工业的扶持力度，致力将民用航空产业作为军民融合支柱产业做大做强。湖南省国防科工局与国家开发银行湖南省分行开展银企对接，落实《支持军民结合产业发展开发性金融合作备忘录》精神，2013 年全年共为包括民用航空在内的军民融合产业融资达 25 亿元，有效地解决了部分企业融资难问题。工信部将银企结合的“湖南模式”在全国大力推广。

（三）加强项目建设

中航工业南方与加拿大普·惠公司签订通惠合资公司项目合作合同。2013 年，湖南省共有航空工业 10 个在建项目，涉及总投资额 90 亿元。

（四）加强人才队伍建设

2013 年 7 月，湖南省政府与国家国防科工局签署了共建湘潭大学协议，湘潭大学成为湖南省继中南大学、湖南大学、南华大学后的第四所共建大学，与长沙航空职业技术学院、张家界航空工业职业技术学院等省内大专院校一起，为加快推进民用航空工业发展提供人才队伍保障。

（湖南省国防科学技术工业办公室）

广东省

一、本地区基本情况

2013 年，广东省纳入中国民用航空工业统计的企事业单位共 5 家，其中 2 家与港澳台商合资经营、1 家中外合资经营、1 家股份有限公司、1 家有限责任公司，从事行业主要是飞机制造及修理和其他航空运输辅助活动行业。从业人员总数 6807 人，其中，工程技术人员 4014 人、研究与试验发展人员 1908 人。

二、生产经营情况

广东省民用航空工业实现主营业务收入 64.6 亿元，工业销售产值 65.41 亿元，完成工业总产值 68.0 亿元，工业增加值完成 21.4 亿元，利润总额 6.5 亿元。

三、主要产品

（一）民用飞机

SR20/SR22 通用产品，在研的“海鸥”300 轻型水陆两栖飞机、大型灭火/水上救援水陆两栖飞机、TP150 轻型单发涡桨公务机、SF50 轻型单发喷气公务机等型号，以及在国内组建合资公司引进生产的“奖状” XLS + 等型号。

（二）航空维修

航线和周期性维护及特种检查、结构修理及零件翻修，辅助动力装置（APU）及发动机热部件、冷部件检修以及单元体更换和检修，适航及服务改装，飞机损伤修理，飞机翻新、喷漆、内部装修，提供特种车辆服务和维修，地面设备修理、制造及零备件加工。V2500 和 CFM56 系列发动机的改装、升级、修理和大修，发动机零部件修理，现场工程技术支持，24 小时/365 天航线应急支援（AOG），备用发动机租赁，量身定制的维修方案，发动机在翼服务，EGT 裕度、固定价格担保，固定价格/发动机飞行小时包修。

（三）其他民用航空产品

旅客登机桥、航空货物处理系统、自动化停车系统、飞机泊位引导系统、自动化仓储物流系统、航空特种车辆、行李自动处理系统。

四、产品开发与技术进步

中航工业通飞 2013 年总投入 1400 万元开展《大型水陆两栖飞机救援搜索算法与应用研究》和《大型水陆两栖飞机协同研制系统开发与集成应用》两项民用航空科研项目，计划 2014 年 12 月底完成两项目验收。全年共申请专利 40 项，获得授权 13 项。另外获得中航工业科技创新奖 5 项，其中二等奖 1 项。

广州飞机维修工程有限公司 2013 年科技创新项目共立项 36 项，完成 21 项。批准立项的项目涉及飞机机身、发动机、客舱和飞机附件的维修、飞机维护软件的开发、地面保障设备等领域。“空客 A319/A320 飞机起落架大修平台”、“飞机臭氧转换器维修服务平台”和“A380 头等舱座椅侧板”被认定为广东省高新技术产品。截至 2013 年 11 月，公司专利申请数量达 56 件，包括发明专利申请数量 16 项，其中获得授权 4 项；实用新型专利申请数量 37 项，获得授权 30 项；外观专利申请数量 3 项，获得授权 3 项。完成 PMA 件制造批准达 3500 项。

深圳中集天达空港设备有限公司已获得授权和在申请的各项专利 255 项，发明专利申请 168 项，目前已获得授权专利 158 项。公司技术研发中心拥有世界上最先进的大型机场及港口研制设备，研发费用总额逐年增加，2013 年全年研发费用总额约 3812 万元。

珠海保税区摩天宇航空发动机维修有限公司与 MTU 集团旗下的 6 家企业在资源、能力、技术、管理、营销、服务、人力资源等方面开展合作，通过与 MTU 各维修基地之间进行全面的技术交流和技术项目转让，在零部件清洗、高压水剥离、无损探伤检测、表面处理、焊接、机加工、等离子喷涂、热处理、电镀、涂层剥离和高速磨削等方面具备了行业内最高标准的技术能力，能够为客户提供 MTU 全球标准的维修质量和创新服务。

广州航新航空科技股份有限公司自 2008 年以来相继申请 70 多项知识产权，其中包括近 20 项专利，以及自动测试系统、自动测试软件、无线电罗盘测试软件、塔康精密测距机载设备测试软件、全自动数字开调测试软件、无线电高度表测试软件、模块化通用测试系统、无线电高度收发机测试软件等综合检测领域 50 多项软件著作权。2013 年，承担广州市发改委战略性新兴产业示范工程专项。

五、对外贸易与合作

（一）对外贸易情况

2013 年出口民用飞机零部件 4211.41 万元，其他民用航空产品及零部件 51980.5 万元，民用飞机修理（不含发动机）19137.4 万元，民用航空发动机修理 260302 万元，其他民用航空产品及零部件修理 105.6 万元。

其中深圳中集天达空港设备有限公司在法国、荷兰、西班牙、澳大利亚、加拿大、危地马拉、马来西亚、印度、厄瓜多尔、摩洛哥等国家及地区的一些登机桥和航空货处理设备的项目上中标。机场摆渡车方面，2013 年初已完成双向驾驶机场摆渡车的研发，并销售到澳大利亚。目前，已为全球 50 多个国家的 160 多个机场提供了 3000 多台品质优良的登机桥产品，全球市场份额近 40%。

（二）对外合作情况

中航工业通飞：依托并购的美国西锐公司，在珠海引进并建设了一条完整的具有美国联邦航空局（FAA）或 CAAC 适航许可的年产 30 架“西锐” SR2X 系列通用飞机生产线，组装生产线建成。2013 年，主要开展“西锐” SR2X 飞机适航取证和复装工作，FAA 开始正式适航双边会谈，民航中南局已经接受 PC 申请，取证实质性工作已经开始全面准备；截至 2013 年底共完成 26 架 SR20 通用飞机的复装、试飞与交付任务。积极开展珠海与美国两地的协同互动，充分借助西锐产品研发优势，逐步在西锐与珠海之间建立起统一的设计标准、设计规范、材料/系统选择试验体系、工程设计 IT 平台、产品开发程序、试飞体系和适航取证管理系统。TP150 公务机以通飞研究院为主研制，西锐公司参与配合，力求打造一款能够在世界范围内商业成功的飞机。目前，该机即将首飞。SF50 公务机以西锐公司为主研制，通飞研究院参与设计团队，共同开展设计、试验、试制、取证等工作，预计 2014 年实现首飞，2015 年取得适航证，并适时在珠海建设 SF50 生产线。

六、重大基础设施建设

中航工业通飞在华南、华中、华北以及美国建设四大通用航空产业基地，全力加速推进通用飞机产业发展。其中，华南基地（即中航通飞珠海航空产业园）建设主要包含三部分，分别是珠海通用飞机总装试验试飞基地、湾仔总部基地和金湾家属区。2013 年三部分建设内容均按照园区开发建设计划如期推进，累计投资 18.23 亿元，购地 1244 亩，建筑面积 87128 米^2，基本完成 206 号喷漆厂房建设，完成 203 号部装厂房及 209/210 号特种车库及化学品库的单项工程竣工验收，湾仔总部入驻使用。

（广东省经济和信息化委员会）

四川省

一、本地区基本情况

2013年底，四川省涉及民用航空领域的企事业单位共有56家，其中规模以上企业45家，主要由中国航空工业集团公司、中国电子科技集团在川企事业单位、地方军工电子企业、部队企业、民口配套单位构成，从业人员超过7万人，其中中国科学院院士1人，各类高中级专业技术人员3万多人。拥有国家级重点实验室、国家级企业技术中心、国防二级计量站、省级企业技术中心等技术创新平台18个。其中，纳入中国民用航空工业统计的企业有7家。

二、生产经营情况

2013年，四川民用航空工业（含央属企业、地方军工电子和民口配套单位）实现主营业务收入49.5亿元，同比增长15.6%；工业企业完成工业总产值51.8亿元，同比增长14.7%；完成工业增加值14.9亿元，同比增长14.1%；实现利润2.44亿元，同比增长16%；转包生产交付金额12.4亿元，同比增长9.7%。

三、主要产品

（一）民用飞机

ARJ21新支线飞机机头、C919大型客机机头、飞机前机身段等飞机结构件研制及生产，国际民用飞机大部件转包生产，主要产品有大中型飞机机头部件、机身部件、舱门、翼面共4大类、23项、40余个型号，覆盖机型包括单通道系列、双通道系列、公务机系列等。

（二）航空发动机

航空发动机及关键零部件的研发制造和国际转包生产，主要产品有核心机、验证机及燃烧室、机匣、密封件、环形件等航空发动机零部件，产品涉及美国GE、英国罗尔斯·罗伊斯（简称罗·罗）等民用航空发动机型号，同时参与中航工业商发民用航空发动机的研制项目。

（三）航空电子系统及设备

航空通信、导航、监视、信息、防撞、空管、娱乐等航空电子系统和设备，主要产品有空管二次监视雷达系统、空中防撞系统、新航行系统、陆基导航系统、Linux平台ATC系统、雷达数据模拟测试系统以及民航空管话音电台、航管二次雷达测试应答机、ADS－B地面接收站、通用飞机机载S模式应答机、机载询问机/应答机等设备。

（四）航空配套产品

飞控、液压、燃油、航空电源、航空传感器、飞行模拟机等系统和设备。主要产品包括飞机大气数据系统、飞机集成数据系统、航空燃油测控系统、发动机电点火系统、航空地面检测试验设备、飞行传感器、航空液压系统及设备、航空机载蓄电池及电源系统、航空结构模锻件、航空玻璃、LED半导体照明、电线电缆等。

（五）航空维修、改装及服务

机体、航空发动机、航空设备的维修及航空再制造，航改燃机系列产品，低空空域监视和运行服务、机场监视和管理、机场信息系统、行李处理系统、机场安全管理系统、空管仿真模拟训练系统，以及飞机除冰液、飞机清洗剂等产品；发展航空培训、航空租赁、航空信息服务业务等。

四、产品开发与技术进步

（一）新产品开发情况

波音737方向舵、G280后机身、波音767－300客改货3款转包产品按计划有序进行研制生产，通航飞行服务站、低空监视X波段雷达等正处于科研攻关阶段，民用客机内照明系统、航空导线等已完成样品开发，中小型航空发动机维修、民航机场行李自动分检系统已进入产业化阶段，运 12 运输飞机航空电池和应急照明电源、运 8 运输飞机燃油测控系统、AC313 直升机燃油测量系统等已进入批量生产。中航工业成都所的工程应用型高端无人机完成研发并正式生产，获得了国家环保总局采购。

（二）民用航空科研项目情况

C919 各承研项目研制工作稳步推进，完成航电 CN 系统、外部通信系统的 JDP、客舱娱乐系统、信息系统、燃油传感器、温度传感器等项目的设计、生产、装配、试验工作；民机科研进展顺利，开展大型壁板类组件数字化柔性装配技术、具有自动相关监视能力的通用飞机 S 模式应答机关键技术研究取得立项批复；300M 钢超大规格棒材及锻件应用研究、高强高韧性高淬透性钛合金应用研究、TC4 钛合金铸件/锻件应用研究取得重大进展；开发出燃油增压泵、压力传感器、压差信号器等样机，并分别配套 C919 大飞机发动机和 AC313 直升机；低空宽带通信设备已通过技术完善和调试，装配国内民航客机；飞行模拟机视景系统、低空空域监视管理和服务系统、复杂曲率航空有机玻璃镀膜等一批科研和成果转化项目正按计划推进。

（三）重大技术进步情况

四川川大智胜软件股份有限公司（简称川大智胜）的军民两用飞行管制指挥训练系统研制成功，并获得 2013 年度国家科技进步二等奖；开展客舱和信息一体化系统顶层架构设计和关键设备研制、航电系统数字仿真样机研制（二期）等 20 余个专利申报工作；航空发动机零部件热处理、焊接、无损检测、化学处理、涂层和非传统加工等特种工艺获国际宇航的 NADCAP 认证。

四川九州电子科技股份有限公司（简称九州公司）通过民航局空管局技术中心对 1090ES 数据链地面站的资料技术审核，中国电科航电公司通过必维国际检验集团（Bureau Veritas，BV）的 AS9100C 版标准的换版监督审核。

中国第二重型机械集团德阳万航模锻有限公司（简称二重万航）在民用飞机大型模锻件制坯技术、模具设计、精密成形技术、热处理技术、产品适航符合性程序等方面进行研究，并取得显著成果，世界最大的 800MN 模锻压机投入使用。

中航工业成都凯天电子股份有限公司（简称中航工业凯天）地空宽带项目通过 MDA 适航取证、装机验证，另有 10 项专利获得正式授权。

五、对外贸易与合作

（一）对外贸易情况

2013 年，四川民用航空工业完成出口交货值 29.3 亿元。其中，中航工业成飞民机有限责任公司转包生产实现销售收入 6.58 亿元，中航工业成都发动机（集团）有限公司（简称中航工业成发）外贸民用航空产品交付额达 9090 万美元，中航工业凯天民用航空产品交付金额 730 万美元。

（二）对外合作情况

中航工业成飞民机公司继续保持与美国波音、欧洲空客、美国沃特、欧洲防务集团索吉玛公司、欧洲防务集团索卡塔公司、法国达索、以色列航空宇航公司等长期稳定国外客户的往来，业务涵盖波音 737、波音 747、波音 757、波音 787、空客 A320、A330/340、A380、A350 等民机机型转包生产。

中航工业成发在民用航空发动机领域与美国 GE 公司、美国普·惠公司、英国罗·罗公司、德国罗·罗公司、法国斯奈克玛公司，西班牙 ITP 公司、加拿大普·惠公司等世界知名航空发动机制造商建立长期合作关系。

中国电科航电公司与泰勒兹公司组建合资公司并正式运行；与柯林斯公司合作开展 C919 通信导航系统和设备研制生产任务；与霍尼韦尔公司开展低空空管领域的合作；与欧宇航公司的合作，积极争取中国商飞公司系统集成验证平台任务。

四川九洲电器集团有限责任公司（简称九洲公司）与罗克韦尔·柯林斯（Rockwell Collins）公司、泰雷兹（Thales）公司、ACSS 公司，中航工业凯天与霍尼韦尔（Honeywell）公司、埃斯特莱茵（Esterline）公司、科瑞恩（Crane）公司，泛华航空与英国韦斯顿（Weston）宇航公司、美国派克（Parker）公司，川大智胜与美国飞安公司，中国第二重型机械集团（德阳）万航模锻有限公司（简称二重万航）与德国利勃海尔公司，法国赛峰集团梅西埃－布加迪－道蒂（Messier－Bugatti－Dowty）公司，美国惠·普公司、波音公司、庞巴迪公司等分别开展技术交流和业务合作。

六、重大基础设施建设

2013年，四川省航空工业在建重点项目28个，其中新开工项目3个，涉及20家单位，总投资101.4亿元，完成固定资产投资55亿元。

成飞民机产业园项目。总投资9.35亿元，一期工程已完工，二期工程已完成主体结构及厂房二次结构施工。

中国电科航空电子产业园基地项目。总投资16.48亿元，占地面积150亩，达产后形成各类民用航空电子系统产品1356套的年产能。2013年，一期工程已全部完成竣工验收，并陆续投入使用。

九洲公司空管产品产业化项目。总投资约1亿元，改造面积约1.2万米^2，新增设备仪器及软件约440台（套），新增装配、调试等7条生产线，形成年产1200台（套）基于监视系统的空管产品产业化能力。

中航工业凯天新厂区建设项目。总投资约6.8亿元，征地面积232亩，规划建筑面积约13万米^2，打造军、民、外贸转包生产加工基地，着力发展C919、支线飞机项目和航空转包生产业务，一期工程已建成投产。

中航工业泛华航空科研生产能力迁建项目。总投资2.5亿元，占地面积210亩，在成都市新都工业园区建设成都泛华研发中心基地，满足泛华航空公司军民品研制、开发、制造、试验等需求。

长虹电源新产业园建设项目。总投资约8亿元，一期工程已全部完成。

中国民航第二研究所（简称民航二所）民航机场行李自动分检系统产业化基地工程。总投资1.12亿元，建成国内研发制造、系统集成及测试验证于一体的机场行李自动处理系统产业化示范基地。总建筑面积30806米^2，工艺设备21台（套）。

二重万航大型模锻压机项目。总投资21亿元，扩建面积25468米^2，新增800MN模锻压机、2万吨级模锻压机等仪器设备14台（套），项目已基本建设完成。

川大智胜研发基地项目。项目总投资1.1亿元，新增建筑面积3.96万米^2，2013年10月已完成全部土建，预计2014年正式投入使用。

七、行业管理主要工作

四川省国防科工办围绕加快航空重大项目和园区建设、促进产业合作与资源整合、创新军民融合机制等重点任务，积极开展民用航空产业推进和管理工作。

一是落实发展规划，统筹产业发展。围绕《国家民用航空工业中长期发展规划》和《四川省“十二五”军民结合产业发展规划》的贯彻实施，制订切实可行的年度航空产业推进方案，分解落实各项重点任务，加快推动航空军用技术向民用转移，加大对航空产品技术开发和产业化项目的支持力度，促进民用航空工业发展。

二是促进结构调整，培育壮大产业。加强与国家重大科技专项的对接，促进关键技术取得突破，增强航空产业自主发展能力和基础配套能力，推动航空产业结构调整，着力培育飞机整机、航空发动机、航电系统、重要部件、转包生产、航空维修六大产业支柱，带动区域电子、新材料、重大装备制造等相关产业发展，打造特色鲜明、配套完善、核心竞争力强的航空产业集群。

三是推进项目建设，增强发展基础。积极争取国家资金和项目支持，以增强产业发展核心能力和基础条件为重点，推进民用航空产业重点项目建设，加强项目前期论证，提高项目建议书编制质量；对国家已批复立项项目，加强对项目执行过程的监督管理和协调服务，促进项目顺利实施。

四是加强行业管理，营造发展环境。一方面积极开展民用航空统计年报和民用航空工业年鉴编撰工作，加强行业统计管理和经济运行监测，分析重要经济指标。另一方面积极协调有关部门，加强项目建设和科研生产过程中土地、运输、能源等的协调保障，切实为行业发展提供服务。

五是加强资金引导，增强发展动力。加大对民用航空产业的资金扶持力度，2012年民用航空电子产业化建设、航空动力控制系统研发及生产基地技术改造、军民结合飞行流量管理中心系统等 8 个航空和航空技术应用类项目省级军民结合产业发展专项资金总计 1640 万元得到落实。

六是加强人才培养，提供人才保障。推动四川航空职业技术学院实训基地建设，实施高技能人才培训工程，培养造就一批航空领域的高技术人才和高技能人才，为四川民用航空产业发展提供坚强的人才保障。

（四川省国防科学技术工业办公室）

贵州省

一、本地区基本情况

2013 年，全省民用航空工业企业 54 家，资产总额 470 亿元。其中，中航工业在黔企业 21 家，061 基地 16 家，083 基地 14 家，民营企业 3 家，职工 6.7 万人。贵州省重点建设的航空产业园区（基地）有 3 个，分别是安顺民用航空产业国家高技术产业基地、中航工业贵阳产业基地、中航工业军民结合高新技术产业园。

其中，纳入中国民用航空工业统计的企业有 7 家。

二、生产经营情况

2013 年，贵州省民用航空工业完成工业总产值 240 亿元，工业增加值 65.4 亿元，增速为 10.5%。

三、主要产品

（一）民用飞机

民用无人机和教练机。中航工业贵州飞机有限责任公司（简称中航工业贵飞）完成“鹞鹰”系列民用和外贸无人机系统的研制工作。“鹞鹰”Ⅰ型无人机和“鹞鹰”Ⅱ型无人机于 2013 年年底获得中航工业的出口立项批复。2013 年生产销售教练机 29 架。

（二）航空发动机

贵州省航空发动机主要以中小推力航空发动机的研制和生产为主，重点服务于高级教练机、高端无人机等。同时配套叶片、盘轴、机匣、喷口等航空发动机零部件，承担航空发动机修理工作。目前，正在贵阳国家高新区建设航空发动机产业基地。2013 年检修航空发动机 10 台，并开展燃机修理。

（三）航空设备及系统

主要研制生产燃油泵、燃油调节器，以及为飞机、发动机配套的液压泵、火箭发射器、二次电源、继电器、开关、接插件、电动机构、电磁阀等产品。

（四）其他民用航空产品

在航空锻件、铸件、标准件、橡胶件等方面具有优势，参与 C919 大型客机、ARJ21 新支线飞机等国内民用飞机配套标准件、航空铸锻件等产品的研制。目前，贵州省有 12 家企业参与 C919 大型客机、ARJ21 新支线飞机配套产品的研制和生产任务，5 家企业被中国商飞公司认定为合格供应商。

四、产品开发与技术进步

中航工业贵飞完成“鹞鹰”系列民用和外贸无人机系统的研制工作。

中航工业贵阳航空电机有限公司（简称中航工业贵阳电机）根据未来大型民用客机大功率变频交流电源系统的需求，继续实施二次电源子系统的研究工作。

中航工业安吉航空精密铸造公司（简称中航工业安吉精铸）通过推行以专业化铸造为核心能力的目标建设和对关键技术的研究和创新，技术开发能力得以提高，钛合金、高温合金精密铸造件的合格率得到稳定，冶金和尺寸精度满足设计和加工装配要求。

五、对外贸易与合作

2013 年，贵州省民用航空工业企业继续加强对外贸易和合作。尤其是在航空零部件转包生产方面，贵州省现在有 7 家企业多年来从事航空零部件转包生产，在飞机结构件数控加工方面为波音、空客等公司配套，在发动机叶片、盘、轴加工等方面为通用电气公司、罗・罗公司、斯奈克玛公司配套，向古德里奇公司、霍尼韦尔公司提供滑阀、活塞、电磁阀等产品；中航工业贵飞完成部分教练机的出口；贵州凯阳航空发动机有限公司为巴基斯坦建设试车台。

六、重大基础设施建设

（一）安顺民用航空产业国家高技术产业基地建设

2013 年，中航工业安吉精铸铝合金精密铸造生产线、钛合金精密铸造生产线等项目建成投产；中航工业贵飞教练机重点技术工程实验室、民用无人机重大技术研发建设、民用无人机产业化（一期）等项目正抓紧实施，力争 2014 年验收投产。

（二）中航工业贵阳产业基地建设

产业基地发展目标是建设航空发动机整机、零部件研制生产及维修产业基地。目前，重点实施黎阳航空动力公司发动机项目和凯阳航空发动机修理项目。其中，中航工业黎阳航空发动机叶片优异制造中心项目已建成并完成搬迁工作，凯阳航空发动机修理项目已投产。

（三）中航工业军民结合高新技术产业园建设

2013 年，该产业园内正在实施的项目主要有中航工业贵阳电机整体搬迁项目、中航工业贵州红林机械有限公司（简称中航工业红林）军民结合高新技术产业项目和中航工业贵州西南工具公司（简称中航工业西工）的航空航天难加工材料数控刀具生产线技术改造项目。其中，中航工业贵阳电机整体搬迁项目已投产；中航工业红林正在抓紧建设军民结合高新技术产业项目，包括 AMT 汽车自动变速器执行机构生产线建设项目和民用飞机控制系统零部件生产线建设项目；中航工业西工和中航工业黎阳等 4 家单位联合申报的航空发动机机匣加工国产化成套刀具产品开发及应用项目（高档数控机床及基础制造装备专项）获得立项。

七、行业管理主要工作

一是加强组织领导。认真履行省民用飞机发展协调领导小组、安顺市民用航空产业国家高技术产业基地建设发展工作领导小组职责，积极推进民用航空发展各项工作和产业基地建设，协调实施产业基地内项目建设中存在的问题。二是加强重大项目牵引。引导企业实施结构调整、技改扩能项目建设，带动中航工业黎阳、中航工业贵飞、新艺机械厂等航空零部件的转包生产规模化。编印《2013 年贵州省重点装备及产品推荐目录》等目录，并对列入目录无人机、航空发动机等产品、技术、项目加大支持和重点推荐。三是加大招商引资力度。组织民用航空企业积极参加“2013 年贵州装备制造业博览会”和“六省区工业产品配套对接会”、“2013 年中国国际工业博览会”，充分利用各种平台帮助贵州省企业扩大知名度和拓展市场。

（贵州省经济和信息化委员会）

云南省

一、本地区基本情况

云南省现仅有昆明电缆集团航安线缆有限公司生产民用航空导线产品，且仅其1家纳入中国民用航空工业统计，企业在职员工38人，其中高级工程师2名、高级技师2人，技师2人。

二、生产经营情况

2013年，昆明电缆集团航安线缆有限公司航空导线产品实现营业收入90万元。

三、产品开发与技术进步

昆明电缆集团航安线缆有限公司自2013年成立后，在做精军品基础上，按照“把特缆做特”的思路，加强市场开拓，研发各类新型民用航空导线产品。

四、重大基础设施建设

2013年5月31日，昆明钢铁控股有限公司、云南圣乙投资有限公司、云南和谐投资有限公司就重组云南和谐通用航空有限公司举行签字仪式，计划10年内建设从通用航空制造、机场建设、飞行服务、举办航展、开办航校、建设博物馆等通用航空全产业链。12月4日，临沧工业园区与浙江省天地行控股集团有限公司就临沧通用航空产业链项目达成合作意向，签订项目框架协议。计划总投资23.86亿元，分两期建设，一期建设内容为通用航空器总装生产项目、通航运营项目、云南通航产业链项目运营总部及相关产业链项目；二期建设内容为航空选装产品设计及加、改装，航空器租赁，航空物流，与航空相关的飞行俱乐部、会所、高端旅游项目。

五、行业管理主要工作

为加快发展通用航空产业，云南省有关部门正在组织拟制相关规划，初步规划到2020年，建设通用机场45个，其中一类机场10个，二类机场15个，三类机场（临时起降点）20个。

（云南省工业和信息化委员会）

陕西省

一、本地区基本情况

陕西是中国大中型运输机和民用飞机科研生产基地，经过60年的建设和发展，陕西航空工业已形成集飞机研发、设计、试验、生产、试飞鉴定、产品支援、综合保障及教学培训为一体的较为完整的航空产业体系，综合实力居全国前列。陕西省现有中航工业企业21家、科研院所5家，航空人才培养院校7所，航空配套企事业单位200多家，从业人员12万余人，其中科技人员5万余人。主要企事业单位有：中航飞机有限责任公司（简称中航工业飞机）、中航工业第一飞机设计研究院（简称中航工业一飞院）、西安飞机工业（集团）有限责任公司（简称中航工业西飞）和陕西飞机工业（集团）有限公司（简称中航工业陕飞）等飞机总体设计与总装制造单位；西安航空发动机（集团）有限公司（简称中航工业西航）、西安航空动力控制有限责任公司（简称中航工业西控）等航空发动机整机及附件研发制造单位；中国飞行试验研究院（简称中航工业试飞中心）、中国飞机强度研究所（简称中航工业强度所）等试飞、试验单位；中航工业飞行自动控制研究所（简称中航工业自控所）、西安航空计算技术研究所（简称中航工业计算所）、庆安集团有限公司（简称中航工业庆安）、西安航空制动科技有限公司（简称中航工业制动）、陕西宝成航空仪表有限责任公司（简称中航工业宝成）、陕西宏远航空锻造有限责任公司（简称中航工业宏远）、中航起落架公司燎原分公司（简称中航工业起落架燎原公司）、陕西千山航空电子有限责任公司（简称中航工业千山）、陕西宏峰精密机械工具公司（简称中航工业宏峰）、国营长空精密机械制造公司（简称中航工业长空齿轮）等机载设备系统及部件研制单位；陕西凌云电器有限公司、陕西烽火电子股份有限公司、陕西长岭电子科技有限责任公司、西安航空电子科技有限公司、宝钛集团有限公司等200多家航空配套企事业单位。

其中，纳入2013年中国民用航空工业统计的企业有26家。

二、生产经营情况

2013年陕西航空产业实现总收入过600亿元，其中在陕航空企事业单位实现收入550亿元，航空配套企业实现收入近100亿元。

三、主要产品

（一）民用飞机

“新舟”系列飞机。2013年交付“新舟”系列飞机6架。截至2013年底“新舟”系列飞机累计销售交付82架，其中出口54架。

运8系列民用飞机。成功研制运8F、运8F100、运8F200、运8F400四个型号的民用货运飞机并取得中国民航局颁发的型号合格证。

（二）航空发动机及燃油控制系统

航空发动机及零部件转包产品涉及发动机压气机、燃烧室、涡轮、机匣等关键部件，航空发动机控制系统包括液压、燃油、空气控制系统等航空发动机燃油控制附件，以及近40种发动机控制系统附件的预研、研制、生产与修理。

（三）航空设备及系统

航空机轮及刹车系统产品、大中型镁铸件研制生产、刹车盘PMA件制造及维修业务，以及波音757－200型飞机和空客A320系列飞机碳刹车盘、碳/碳热场材料、碳/陶产品等。

（四）航空新材料

钛材、锆材等；航空Ti6Al4V ELI钛合金材料及高端稀有金属材料等新产品；碳纤维、织物、预制体、预浸料及复合材料制品；轻质高强度镁锂合金材料。

（五）其他航空民用产品

飞机训练模拟器和工程模拟器、机场助航设备、通用航空产品、空港培训设备、飞机地面保障设备、登机桥整体调平自动装置、LTQ－2000Y 型智能旅客登机桥产品，OSD－11（12）、SZD－2 型头戴式送受话器组、OSDK－12 型有源抗噪头戴送受话器组，减振器，机场监视一次雷达系统等。

四、产品开发与技术进步

（一）民用飞机及部件

中航工业西飞 2013 年获得专利授权 30 项，授权量比 2012 年度增长 11%。全年完成 35 项新技术、新材料、新工艺验证工作，3D 打印技术已成功应用于多型民机精密熔模铸造生产，有效提高工装研制效率，缩短产品研制周期。"新舟" 60 人工增雨机完成部装交付及飞机平台总装生产；"新舟" 60 海洋监测飞机完成飞机总体技术方案审、设计图样及文件发放并开始零件生产；"新舟" 600 特种飞机平台完成评研制规划、方案论证；"新舟" 60 减灾机、遥感机完成方案论证。

C919 大型客机项目。中航工业西飞承担的翼身组合体综合验证项目中机身、外翼翼盒大部件成功下线，目前已完成中机身及前后过渡段对接工作，正在进行机翼与机身对接。中航工业庆安与美国穆格公司以项目合作方式共同提供飞机高升力系统。中航工业西控承担发动机验证机部分产品的研制任务，已完成三型产品初步设计阶段设计方案、工程设计、工艺方案评审和产品首套工程验证样机性能试验。中航工业自控所承担主飞控电子系统工作包和主飞控作动系统工作包，已转入项目的详细设计工作。中航工业强度所承担飞机全机静力、疲劳、地面共振及零部件适航符合性试验，后机身部段强度研究静力疲劳试验和前起落架舱 RAT 舱结构选型试验等已经完成，翼身组合体试验准备工作已经开展。宝钛集团有限公司开展飞机用钛合金板材、管材等材料研制，各项技术指标满足相应技术标准要求，部分板材已批量交付应用单位。西安三角航空科技有限公司承担飞机起落架锻件、发动机吊挂接头锻件，产品已交付。

ARJ21 支线飞机项目。中航工业西飞完成两架机部件的交付任务。中航工业强度所承担全机静力、疲劳、地面共振试验、结构研发和零部件适航符合性验证试验。中航工业宏远承担 17 项飞机项目锻件研制工作。中航工业长空齿轮承担飞机前缘锋翼齿轮齿条组件研制生产。中航工业试飞中心先后完成颤振、失速、最小离地高度等高风险关键科目试飞，进行特种气象高难度审定试飞。

大型灭火/水上救援水陆两栖飞机。中航工业西飞主要承担机身、机翼等部件的详细设计和生产制造任务；中航工业陕飞主要承担中后机身、后机身和尾翼部件研制；中航工业强度所承担相关试验及研究任务，完成疲劳损伤容限设计指南初稿编写；中航工业千山承担飞参系统、发动机指示和空勤告警系统的研制。

"小鹰" 700 飞机。通过详细设计评审，转入工程研制。

（二）航空发动机

中航工业西航创新规范分层分级的技术研究模式，组织开展技术攻关、技术创新、产学研合作等重点技术研究近 200 项，开展创新增效专项 230 余项。公司已掌握对盘类零件、环形件、精密铸造叶片、精密锻造叶片等近千种零件的所有加工工艺，保持 NADCAP 认证的 9 大项、33 分项的特种工艺认证。

中航工业西控无极驱动与控制系统产品已完成多个产品的研制，其中静液传动系统产品已研制 38 台并通过试验考核，已具备小批量生产能力。

（三）刹车及机轮装置

中航工业制动 A330 碳盘适航取证正式进入适航程序，已开始原始设备制造商（OEM）样件的地面测试工作。

中航工业起落架先后完成《起落架专用 D 型密封结构研究》、《飞机起落架超高强度耐蚀钢 A－100 机加工艺应用研究》等课题，并合作承担《A－100 超高强度耐蚀钢在起落架上的应用研究》等。

（四）航空锻件

中航工业宏远广泛利用数字模拟技术，缩

短产品试制周期。

西安三角航空科技有限责任公司400MN大型航空模锻液压机采用清华大学发明的先进的预应力钢丝缠绕结构和预应力剖分—坎合技术进行设计和制造。该压机的建成可填补国内乃至亚洲400MN级模锻液压机的空白。

（五）航空机载设备及系统

中航工业千山有5项记录器系统取得CT-SOA适航证，配装“新舟”60系列、AC313系列等国产民机。

陕西烽火宏声科技有限责任公司研制的OSD－11/12/14、SZD－2型头戴式送受话器组等小型航空耳机OSD－11（12）、SZD－2型头戴式送受话器组、OSDK－12型有源抗噪头戴式送受话器组、OZC－4型手持式送话器组等航空耳机/话筒组件取得中国民用航空局《技术标准规定项目批准书》（CTSOA）。

陕西凌云电器有限公司建立民用航空导航产品研发中心，重点研发数字化小型、高可靠无线电罗盘、测距器和仪表着陆/伏尔/信标组合设备等产品；研发民用航空飞机ICNI系统无线电罗盘等导航模块和功能软件。

陕西长岭电子科技有限责任公司研制生产无线电高度表、多普勒雷达、气象雷达、卫星导航、机载环控设备等五大系列航空电子和航空设备产品。

宝鸡市航宇光电显示技术开发有限责任公司研制电子导光显示器、组合导光控制显示装置、与夜视成像系统兼容的导光板、加固导光键盘等具有独立知识产权的导光板产品。主要为“新舟”60/600、“海鸥”300、运7、运8等飞机配套。

五、对外贸易与合作

2013年陕西省航空单位共完成出口产值35.6亿元。

中航工业西飞2013年实现出口交付额3.4亿美元，同比增长21%。与波音签署8.2亿美元的波音737MAX内襟翼及垂尾项目合同，完成波音737、波音747中央翼盒、空客A330/A340前起落架舱门等多个项目报价。

中航工业西航先后与美国通用电气、英国罗·罗、法国斯奈克玛等世界著名航空发动机制造企业建立长期稳固的战略合作关系，并成为数家外国发动机制造公司近百种零件的海外唯一供应商，合作方式已发展到RSP风险合作。公司与意大利艾维欧航空航天动力集团合作成立西安西艾航空发动机部件有限公司，主要从事燃烧室部件转包生产。2013年实现出口3.15亿美元。

中航工业陕飞2013年完成飞机零部件转包生产交付额258.73万美元。

中航工业起落架和梅西埃等公司合作项目达32项，转包零部件产品用于空客、波音飞机起落架，2013年累计交付零件3785件，完成产值801万美元。

中航工业西控与中航国际共同出资组建西安航空动力控制国际有限公司，专门生产民用航空转包产品，已与霍尼韦尔公司建立长期业务合作关系，双方联合研发的涡扇发动机滑油泵可替代国外进口产品。2013年实现出口交付额1150万美元。

中航工业自控所分别与美国霍尼韦尔公司、派克公司成立合资公司共同承担主系统工作包。与美国霍尼韦尔公司组建的合资公司已开始正式运行并初步建立工程研发团队。与派克公司组建的合资公司正在进入公司注册程序。

中航工业庆安主要为波音公司、空客公司和庞巴迪公司生产飞机液压、飞控、电源、机轮刹车、发动机控制零部件和起落架收放等系统使用的各种液压作动器和齿轮作动器零件、组件和完整产品，主要涉及压力开关、精密阀类、筒体类、齿轮和花键类零件等。

中航工业制动与美国寰科公司合作开展民航PMA产品的国际适航取证及海外销售，成功争取UTAS公司14项新品研制项目，完成穆格公司11项产品的首件交付，成功开发GCS公司两项铸件产品，共实现外贸转包出口1000万元。

中航工业西控主要为美国霍尼韦尔公司、汉胜公司等转包生产碟类、齿轮类、阀门类、壳体类、套类等零航空系统零部件。

中航工业宏远主要为波音、空客、古德里奇、米歇尔·道蒂等公司配套生产航空锻铸件毛坯。

六、重大基础设施建设

（一）产业园区建设

西安阎良国家航空高技术产业基地。该产业基地已累计注册企业500余家，初步形成整机制造、零部件及航空装备制造、航空新材料、航空维修、飞行培训、航空旅游为配套的全产业链发展体系。2013年实现工业总产值过300亿元，同比增长24.8%，工业增加值过80亿元，同比增长29%；固定资产投资达200余亿元，同比增长36.8%；进出口总额约3.2亿美元。

汉中航空产业园。园区规划总面积27.7千米^2，现已形成"一个主机、两个中心、六个专业化"的产品结构格局。园区拥有中航工业陕飞、汉航集团、燎原公司等20多家中航工业单位，产业构成以制造业、服务业为双核，制造业以涡桨飞机制造为龙头牵引，着重拓展航空制造相关配套产业，适时发展航空技术衍生产品制造。2013年，汉中市对《汉中航空智慧新城总体规划》进行详细审查和针对性修改。目前已初步确定飞机零组件加工中心、航空工艺装备、增材制造、航空小镇等16个投资总额近140亿元的航空项目。

渭南蒲城通用航空产业园。规划占地20千米^2，主要从事飞机制造、装备、试飞及零部件加工、维修，同时建设航空培训学校、航空俱乐部等，致力建成以生产、研发、教育、休闲娱乐为一体的国际现代化通用航空产业园区。该产业园是国家民用航空局批复建设的国内唯一的通用航空试点园区。2009年、2011年、2013年连续在该园成功举办三届"中国国际通用航空大会"，中飞通航、精功通航等12家通航企业已入园运营。

西咸新区空港新城。规划面积146千米^2，打造国内领先和知名的航空产业维修、生产基地。截至2013年底空港新城已完成固定资产投资200多亿元，西部飞机维修基地东航机库、商务中心、航投大厦等项目已经封顶。

（二）产能扩大项目

中航工业宏远西安基地建设项目。总投资约20亿元，计划分四期完成，先期建设等温锻生产线、精密锻造生产线、大型锻造生产线、技术模拟中心及配套动力、机加、模具、办公区等。目前已完成总体规划修订，厂房主体钢结构施工已经开始，主设备安装全面启动，配套设备招标已经完成。

中航工业西航航空零部件转包生产线建设项目。总投资约6亿元，主要建设内容包括MTU项目环形件生产线、PWC项目环形件生产、FT4000单元体加工生产线、RR盘生产线项目、整体叶盘、叶环生产线项目、GE机匣生产线等。

中航工业制动民机机轮刹车制造及维修产业化项目。总投资约2亿元，建设符合国际标准要求的民用飞机机轮、碳刹车盘和粉末冶金刹车盘制造生产线，在满足国内市场的同时，从事进口民机机轮刹车国产化替代件制造及转包生产和民航市场维修需要。

中航工业西控无极驱动与控制系统产品批生产项目。总投资约4亿元，2013年签订设备合同8400万元，采购设备65台套。该项目已完成多个产品研制并掌握产品设计和制造技术。高压柱塞泵/马达系列已完成第二批产品研制，待交付用户试验考核，已具备产业化发展条件。

七、行业管理主要工作

一是贯彻落实产业发展规划。贯彻落实《国家中长期航空工业发展规划（2013—2020年）》，结合陕西航空工业发展实际，制定了《陕西省关于贯彻实施〈国家中长期航空工业发展规划（2013—2020年）〉的实施方案》。

二是深化战略合作，推进项目成功。陕西省深化与中航工业的战略合作，双方共同组建"新舟"700飞机项目公司，由陕西省属航空产业投融资平台投资项目公司，共同推进涡桨支线飞机取得型号成功和商业成功。

三是支持航空产业基地项目建设。加强对西安航空产业基地的工作指导支持。西安市阎良区和航空产业基地编制了《关于提升全域发展环境加快建设阎良航空新城的报告》和《建设阎良航空新城三年行动计划纲要（2014—2016年）》，征集整理各类项目210个，筛选了16个涉及交通、产业发展、生态提升、民生保障等方面的重大项目，计划三年完成投资73亿元。

四是开展各类合作与交流。组织陕西省内航空、航天、兵器、船舶等 10 余家军工单位参加“中省企业战略合作项目对接会”，推进军工单位与省属企业项目合作。组织参加第 11 届中国欧亚军民结合技术产业博览会，中航工业陕飞等 11 家航空单位在内的 30 多家军民结合单位参展。在西安召开“2013 年民用飞机机电系统国际论坛”，推动中外航空机电企业加强合作，促进中国民用飞机机电系统产业链发展。在西安和渭南两市同时举行 2013 中国国际通航大会，参展飞行器 140 架，展位 335 个，参展企业 238 家，参会嘉宾 1200 余人，签约项目 46 个，签约金额 229 亿元，在成果展示、招商引资、对外交流等方面取得丰硕成果。与世界通航之都美国威奇托市建立了战略合作关系，与德国柏林－勃兰登堡州航空联盟等机构联合举办中德通航发展论坛。

（陕西省国防科技和航空工业办公室）

甘肃省

一、本地区基本情况

2013 年，甘肃省从事民用航空工业的企业主要有 4 家，分别是中航工业兰州万里航空机电有限责任公司（简称中航工业万里）、中航工业兰州飞行控制有限责任公司（简称中航工业兰飞）、中航工业天水飞机工业有限责任公司（简称中航工业天飞）和兰州神龙航空科技有限公司（简称神龙航空）。其中，中航工业万里、中航工业兰飞和中航工业天飞隶属于中国航空工业集团公司。纳入中国民用航空工业统计的企业有 1 家。

二、生产经营情况

2013 年，甘肃省民用航空工业企业实现工业总产值 4322 万元（此处只统计神龙航空，不含中航工业成员单位数据），较 2012 年增长 170%；实现利润 153 万元，较 2012 年增长 96%。

三、主要产品

（一）飞行器系列

旋翼式无人机：SLA－GH260、SLA－GH520、SLA－GH111、SLA－GH170、SLA－GH190、SLA－GH500、SLA－EH26。

多轴飞行器：SLA－EM6×0.75、SLA－EM8×0.75。

航模运动旋翼式无人机：SLA－30、SLA－50、SLA－60、SLA－90。

软翼飞行器：SLA－521－I。

无人靶机。

（二）航空发动机

双缸对置活塞发动机：SLA52CC。

（三）航空设备与系统

航空机载电机电器、电动机构、机载计算机和机外照明（航行灯、编队灯、尾灯、防撞灯等），以及为运输机、直升机、通用飞机、无人机研发与生产自动驾驶仪、控制增稳系统、电动舵机等产品。

（四）航空配套产品

SLA 两轴云台、SLA 起落架联动两轴云台、SLA 三轴云台、SLA 起落架联动三轴云台、SLA 两轴托板云台、SLA 质子磁力仪抗干扰挂载云台、SLA 防凌破冰炸药自动投放引爆系统、SLA 农药植保施药系统、SLA 生命探测仪挂载云台、SLA 警用高空视频声频传输系统。

（五）航空维修改装及服务

通用飞机维修：运 12 系列飞机修理服务。

无人机维修：SLA－GH260、SLA－GH520、SLA－GH111、SLA－GH170、SLA－GH500、SLA－521－I 型软翼飞行器、SLA－EM6×0.75 多轴飞行器、SLA－EM8×0.75 多轴飞行器等机型的维修、托管、人员培训、作业承包等服务。

四、产品开发与技术进步

（一）新产品开发情况

神龙航空现已生产开发出 SLA－GH260、SLA－GH520、SLA－GH111、SLA－GH170、SLA－GH500 等多种机型；自主研发的 52CC 双缸对置式活塞汽油发动机实现无人直升机发动机的国产化；52CC 风冷双缸对置式汽油发动机经过长期载荷试验运行，现已定型并能实现量产，动力系统具备了长寿命、低油耗、高推重比的特点。

工程化商用无人机已被广泛应用于航空拍摄、洪涝灾情调查、森林火情监测、消防侦察、地震灾情调查、边境巡视、地质勘察、环境监测、城镇规划、农作物灾情调查、防治及估产等多个领域，已被列为国家“十二五”科技支撑计划、国家公共安全应急装备关键技术研究与装备研制项目任务单位。

（二）主要研发技术

大载荷、长航时无人直升机本体结构设计技术，无人机数据接收系统设计技术，载荷5～10kg无人机发动机研发技术，新型复合材料应用技术，机载设备应用技术，多组无人机编队飞行控制技术，飞行导航与控制系统技术，地面指挥系统实时传输技术。

五、行业主要管理工作

2013年在甘肃省工业和信息化委员会的支持下，由神龙航空牵头，长风集团科技公司、中航工业万里、中航工业兰飞、兰州交通大学、甘肃虹光电子有限责任公司、兰州陇星热能集团等七家企业和院校倡导发起成立了“甘肃省民用轻型飞机和无人机产业联盟”。产业联盟是一个旨在为联盟成员及民用轻型飞机和无人机产业领域相关团体和个人提供信息服务、促进甘肃省民用轻型飞机和无人机产业发展的社会公益性组织。

（甘肃省工业和信息化委员会）

第三部分
企业发展概况

中国航空工业集团公司

一、公司基本情况

中国航空工业集团公司（简称中航工业）是由中央管理的国有大型企业，是国家授权投资的机构，2008年11月6日由原中国航空工业第一集团公司、中国航空工业第二集团公司重组整合而成。集团公司实行母子公司管理体制，设有航空装备、飞机、发动机、直升机、机载设备与系统、通用飞机、航空研究、飞行试验、贸易物流、资产管理、工程规划建设、汽车等产业板块，下辖140多家成员单位、有29家上市公司，员工约50万人。2013年，中航工业第五次入围《财富》世界500强企业，排名跃升至第178位。

中航工业大力发展军民用运输机产业，研制生产“新舟”60、“新舟”600、“新舟”700系列涡桨支线飞机，运8、运12等运输类飞机，AC系列民用直升机等多种机型，是ARJ21新支线飞机的主要研制者和供应商，是大飞机重大专项的主力军；是空客A380、A350，波音787和庞巴迪C系列飞机等国际重大航空项目重要合作伙伴，航空国际转包业务和风险合作实现快速增长；同时，中航工业还大力发展飞机租赁、通用航空、航空运输等服务业务。正在深入推进“新舟”700涡桨支线飞机、AC352型先进多用途直升机、大型灭火/水上救援水陆两栖飞机、先进多用途通用飞机、大型客机发动机验证机等多个型号研制；积极实施型号牵引与技术推动相结合的民用飞机科研项目，完善民用飞机技术体系、突破瓶颈技术和关键技术、注重成果转化和加快技术成熟，为型号研制提供技术支撑；大力开拓民用飞机维修、运营、客户支援与服务等业务领域，致力于打造民用航空产业链，实现跨越式发展。

二、生产经营情况

2013年，中航工业实现经营收入3494亿元，同比增长16.12%，实现利润139.7亿元，同比增长6.4%。在民用航空产业方面，民用航空产品销售收入为158.8亿元，同比增长16.25%。交付各类民机80架，交付国际用户15架。全年转包生产实现收入12.7亿美元，同比增长21%。

三、主要产品

2013年中航工业在产在销的主要民机产品有：“新舟”60、“新舟”600涡桨支线飞机；AC310、AC311、AC312、AC313民用直升机，正在开展AC352直升机的市场推广活动；运12系列、“小鹰”500、运5B通用飞机，A2C超轻型水上飞机等。

2013年各型飞机交付和订单情况如下：“新舟”60/600飞机共计交付6架，累计交付82架，累计订单达到200余架。AC系列民用直升机共交付26架，新增订单17架。

四、新产品开发

（一）民机型号研制项目

2013年，中航工业共承担9项民机型号研制项目，取得的主要成绩如下：

“一机立项”。2013年12月，新型涡桨支线飞机“新舟”700项目获国家立项批复，项目研制工作全面开展。

“二机取证”。“新舟”600F民用货机于2013年9月获得中国民航局颁发的型号合格证（TC），标志着该型飞机研发工作全部完成，正式进入全球货运市场。AC312直升机获得PC证，表明已具备批量生产的能力。

此外，中航工业作为C919大型客机和ARJ21新支线飞机机体结构件的主承制单位开展大量的工作。中航工业沈飞、成飞、西飞、洪都等机体结构件参研单位攻克多项难关，向中国商飞公司交付翼身组合体试验件、吊挂试验件、襟/缝翼铁鸟试验件、1/4机头鸟撞试验件，为项目顺利开展提供强有力支撑。

在 ARJ21－700 新支线飞机项目方面，中航工业 2013 年完成关键、长周期试飞科目等任务。先后完成发动机工作特性申请人表明符合性试飞、大侧风试飞多项试飞审定工作任务。

（二）各重点型号研制进展

新型涡桨支线飞机“新舟”700 项目。该项目 2013 年 12 月正式获得国家立项批复，项目研制工作全面开展。已初步确定飞机基本构型，完成初步总体技术方案，气动、结构、强度、系统、适航、试飞、标准材料、制造等多方面工作。开展项目组织管理体系建设，启动研制保障条件建设编制工作。

大型灭火/水上救援水陆两栖飞机项目。基本完成飞机结构详细设计发图，全面转入工程发展阶段。召开首次型号合格审定委员会（TCB）会议；完成工艺总方案评审和发布，编制和发布制造总方案；供应商启动零部件工装设计制造及零件投产；开展关键工艺技术试验；起落架、复合材料、航电系统、机电系统等详细设计通过评审；组织召开项目使用需求研讨会，潜在用户提出飞机设计及运营建议；与用户签订灭火和应急救援构型的飞机销售协议文本。

AC352 型先进中型多用途直升机项目。开展配装涡轴 16 发动机的详细设计工作，已完成飞发接口详细设计工作，完成中方份额系统和通信导航系统的详细设计评审。完成全部 EC175 直升机中方份额的取证试验，全面履行合同约定份额的工作；EC175 直升机全面进入小批生产阶段。

AC313 通用运输型直升机研制项目。2013 年全面完成航空器评审工作，成为继 AC311 之后第二个完成该评审的国产航空器，达到进入民用市场的条件。该型直升机成为世界首款取得 4500 米海拔地区 A 类适航证的民用直升机。

运 12F 多用途通用飞机项目。完成全机静力试验、前起落架静力试验、主起落架静力试验；完成颤振试飞、高寒试验。完成性能、飞行品质和系统适航验证；完成空速校准、失速速度、爬升性能、静稳定性、动稳定性等关键科目的试飞；完成 AEG 审查和飞越噪声试验。

“海鸥”300 轻型水陆两栖飞机项目。完成起落架应急收放设计更改及机上收放试验、06 架水上科研试飞工作，进入水面局方试飞阶段；完成座椅水平动态冲击试验、软油箱晃动试验、模型自由飞试验，为后续开展失速和尾旋试飞提供了可靠技术基础。

农 5B 农林飞机项目。依据民航批准的试飞大纲，开展 001 架适航试飞、004 架试飞测试改装、调整试飞与适航试飞；2 架机在宝鸡完成 107 架次试飞，其中 80 架次适航试飞。

五、航空零部件转包生产

2013 年，中航工业航空零部件转包生产业务继续保持快速发展。全年转包生产实现收入 12.7 亿美元，比 2012 年增长 21%；其中完成波音公司的转包生产交付额为 1.43 亿美元，比 2012 年增长 25.4%；对空客系列飞机（含空客公司、法国宇航、英国宇航、德国 ECD 公司）的转包生产交付额 2.78 亿美元，比 2012 年增长 17.8%。

六、国际经济技术合作

（一）保持重点合作伙伴高层定期对话机制

2013 年，中航工业与空客召开首次战略协同会议（SFM）。双方深入探讨转包生产合作中的问题，制订扩展合作计划；同时与波音、庞巴迪、赛峰等公司建立有效的定期沟通机制。

（二）推进 C919 机载系统配套项目落地

中航工业与世界著名企业开展合资合作，涉及 C919 配套航电、机电等 20 余个系统项目。中航工业起落架、西飞、自控所、雷电院、上电、电源以及南京液压中心等单位与国外供应商分别组建 10 家合资公司，承担飞控、航电、燃油、起落架等系统的研制工作。中航工业凯天等 8 家成员单位作为国外供应商的分包商，积极开展相关子系统的研制工作。

（三）加深与重要客户的合作

在推进中航工业—波音制造创新中心工作中取得积极进展，设立中航工业—波音制造创新中心沈阳分部。同时与波音公司在飞机内饰业载领域展开合作，开展座椅、机上娱乐系统、厨卫系统、内饰等产品市场开拓、资质认证等相关工作。

（中国航空工业集团公司）

中国商用飞机有限责任公司

一、公司基本情况

中国商用飞机有限责任公司（简称中国商飞公司）由国务院国资委、上海市人民政府、中国航空工业集团公司、中国铝业公司、宝钢集团有限公司和中国中化集团等共同出资组建，是实施国家大型飞机重大专项中大型客机项目的主体，统筹干线飞机和支线飞机发展、实现中国民用飞机产业化的主要载体。2008 年 5 月 11 日在上海成立，总部设在上海，注册资本 242 亿元，实行国际通行的“主制造商 – 供应商”发展模式，致力打造更加安全、经济、舒适、环保的国产大型民用客机。

截至 2013 年底，中国商飞公司下辖上海飞机设计研究院（设计研发中心）、上海飞机制造有限公司（总装制造中心）、上海飞机客户服务有限公司（客户服务中心）、北京民用飞机技术研究中心、中国商飞民用飞机试飞中心、上海航空工业（集团）有限公司（基础能力中心）和上海《大飞机》杂志社有限公司 7 家所属单位，在北京、欧洲（巴黎）、美国（洛杉矶）设立办事处，控股成都航空公司，参股浦银租赁公司，与美国伊顿公司合资成立伊飞公司，与法国赛峰集团拉比纳公司合资成立赛飞公司，从业人员 9000 多人。当地时间 2013 年 11 月 23 日，中国商飞美国有限公司在美国加利福尼亚州橘子郡新港市正式成立，这是中国商飞公司在海外设立的首家全资子公司。

中国商飞公司的主营业务是：主要从事民用飞机及相关产品的设计、研制、生产、改装、试飞、销售、运营、维修、服务、技术开发和技术咨询；与民用飞机生产、销售相关的租赁和金融服务；经营本公司或代理所属单位进出口业务；承接飞机零部件的加工生产业务；从事业务范围内的投融资、外贸流通经营、国际合作、对外工程承包和对外技术、劳务合作等业务以及经国家批准或允许的其他业务。

二、主要产品

（一）C919 大型客机

C919 大型客机项目是《国家中长期科学和技术发展规划纲要（2006—2020 年）》确定的 16 项重大科技专项之一。基本型混合级布局为 156 座，全经济布局为 168 座，标准航程为 4075 千米，增大航程为 5555 千米，设计寿命为 90000 飞行小时/30 个日历年。采用超临界下单翼、翼吊两台先进涡扇发动机、常规平尾、前三点式可收放起落架布局。总体设计以“四性”（即确保安全性、提高经济性、改善舒适性、注重环保性）、“三减”（即减重、减阻、减排）为目标，确保与未来市场的同类机型相比具有竞争力。

2013 年，C919 大型客机在工程设计、技术攻关与试验、制造工程准备、试飞与客服工程、国产材料/标准件应用和机载系统合资合作等方面取得重要进展。完成机体结构生产数据发放，开展机载系统工作包关键设计评审。铁鸟试验研制批正式开试，翼身组合体、用于发动机飞行验证的吊挂等重要试验件装配下线。前 3 架机全面投产，发放全部工艺规范，启动前机身部段装配，总装移动等五条生产线通过详细设计评审。试飞改装发图有序开展，测试系统建设稳步推进，客户服务工程同步实施，在飞控控制律设计、中央翼设计、复合材料结构设计等关键技术攻关方面取得初步成果，材料国产化和标准件研制加快推进。累计订单 400 架。

（二）ARJ21 新支线飞机

ARJ21 – 700 飞机是中国“十五”计划的重大高技术项目，2002 年 4 月国务院批准立项。ARJ21 – 700 飞机是面向 21 世纪的、具有自主知识产权的中短程新型涡扇支线飞机，座级为 78 ~ 90 座，具有适应性、舒适性、共通性、经济性、系列化等特点。标准航程为 2225 千米（1200 海里），增大航程为 3700 千米（2000 海里）。最大飞行速度为 $Ma0.82$，最大使用高度为 11900 米，适应中国西部高原高温机场。2008 年在上海首飞，2012 年取得中国民航局和美国联邦航空管理局（FAA）颁发的型号检查核准书，全面开展验证试飞工作。

2013 年，ARJ21－700 飞机在技术攻关、试飞适航、生产交付三条研制主线并行推进。攻克前起落架应急放等 24 项关键技术，填补一系列国内空白。4 架飞机全年安全试飞 816 架次、1193 小时，开展 7 次外场试飞。完成 8 项美国联邦航空管理局影子审查项目，飞机级大型地面试验全部完成，累计完成 246 项地面符合性验证试验，关闭 67 条适航条款。首批交付用户的 105、106 架机总装下线，107 架机进入系统安装，108 架机正在全机对接。首台全动飞行模拟机通过 CCAR－60 部过渡 C 级鉴定，首架交付及客户服务、CCAR－142 部、CCAR－145 部、CCAR－147 部运行规章取证按计划推进，组织开展公务机、特种用途飞机等改进改型工作。累计订单 252 架。

三、航空科研

中国商飞公司与国家科技部于 2013 年 3 月签署《国家大型民机科技创新能力建设平台合作框架协议》，联合中航工业、上海交通大学等共建“大型飞机协同创新中心”，36 所高校参与的 744 项科研课题有序推进，打造“以中国商飞公司为主体，市场为导向，产学研相结合”的民机技术创新体系。

四、国际经济技术合作

推进中国商飞—波音航空节能减排技术中心与国内高校、企业开展合作，与空中客车公司开展非竞争领域合作交流，落实与庞巴迪、福克等公司合作项目，参与庞巴迪 C 系列飞机试飞，与国外机构合作培养试飞员和试飞工程师，多方位开展国际合作。

五、重大设施建设

中国商飞公司按照“一个总部、六大中心”的能力建设整体布局，对标国际一流加快建设研发设计、总装制造、服务支援三大平台，着力打造研发设计、总装制造、客户服务、市场营销、适航取证和供应商管理六大能力。

位于浦东世博园区的总部基地结构封顶。设计研发中心开工建设动力燃油防火实验室、环境控制实验室，安装调试铁鸟试验台，工程模拟器投入使用。总装制造中心 7 个厂房完工，4 个投入试生产，5 条总部装生产线通过详细设计评审。客户服务中心全面建成并投入使用，加强客户服务网络建设，开展客服工程研制和客服标准化体系建设。北京民用飞机技术研究中心一期建成使用，结构强度与复合材料综合实验室和数字计算与仿真实验室完工。民用飞机试飞中心落户浦东祝桥，初步建成专业试飞员队伍，加强试飞工程、测试工程、机务工程和场务保障能力建设。组建基础能力中心，加快服务支援平台建设，提供基础支持和能力保障。民用飞机模拟飞行国家重点实验室、国家商用飞机制造工程技术研究中心等一批重点实验室基本建成。

（中国商用飞机有限责任公司）

中国电子科技集团公司

一、公司基本情况

中国电子科技集团公司（简称中国电科）是经国务院批准、在原信息产业部直属研究院所和高科技企业基础上组建而成的国有重要骨干企业，是中央直接管理的十大军工集团之一。主要从事国家重要军民用大型电子信息系统的工程建设，重大装备、通信与电子设备、软件和关键元器件的研制生产。

中国电科所属二级成员单位58家，上市公司7家，分布在全国18个省市区。现有职工11万余人，其中，中国工程院院士11名。拥有国防科技重点实验室15个，国防研究应用中心6个，研究中心7个，博士后科研工作站27个，流动站1个，拥有一批国内一流的中试线、生产线、装配线和机加工中心，形成国内电子领域最完整的研究、设计、试制、生产及试验能力体系，有完备的质量保证体系，取得一批领先或接近国际水平的重大科技成果，在一些关键技术领域始终保持着国内领先、国际先进的地位。在民用航空产业领域，空中交通管理系统及装备是中国电科深入开展两化融合，以信息化服务于民用航空的重要切入点，已取得显著的成绩，品牌地位逐步提升。

二、主要产品

在空中交通管理领域，重点研发机场场面监视系统、塔台视景系统、机载通信导航设备、综合显示系统、飞行流量管理系统、飞行环境监视系统等。包括一次/二次监视雷达、气象雷达、多点定位系统、机场场面监视雷达、ADS－B等多个系列化产品，以及空管监视系统整体解决方案，实现飞机航路、进近、起降和机场场面的全空域监视，为空管提供精确的目标位置信息。

三、新产品开发

中国电科围绕空中交通管理、通用航空、航空电子三块业务，全面拓展和提升民用航空产业领域的技术产品水平。公司已初步建立满足民用航空AS9100C质量管理体系，在民用航电系统关键技术研究和开发已取得重大突破，有多项专利获得了专利局批准和受理。

2013年，中国电科在已开展的地面、机载电子装备制造、系统集成、运营服务和维修保障业务的基础上，一方面，围绕训练模拟以及低空空管等产业深化策划、积极推进；另一方面，重点瞄准通用航空战略方向，策划拓展通用飞机制造和有人/无人特种飞机系统这一新兴业务领域。

中国电科突破了大型空管系统架构和平台设计、多源监视数据融合、分布式飞行数据共享等多项关键技术，在国内大型区管主用系统沈阳、乌鲁木齐项目的国际招标中，一举获胜，成为同类产品的首个国产供应商，打破了该类产品长期进口的局面，为国家推进空管装备国产化进程迈出坚实的一步。2013年，场面监视系统突破数据录取、数据融合等关键技术，成为转型升级的标志性产品陆续交付用户。

通用航空产业是中国电科重点关注，积极投入，大力培育发展的新兴业务。目前，中国电科借助于与四川省、成都市政府及投资机构通力合作、共同组建的中国电科航空电子有限公司（简称航电公司）平台成立中国电科航空投资发展（四川）有限公司，作为中国电科的投资平台，已与有关地方政府、相关企业达成组建合资公司的合作意向，签署投资合作协议，合资公司将重点研制与生产通用航空飞机。

在民机航电系统领域，通过实施民机航电

系统相关项目，掌握民机航电系统总体设计、设备研发、航电软件开发、系统集成、产品生产、适航取证等关键技术，建立完善的民机航电系统研发和生产的质量适航管理体系，提升民机航电系统及设备的设计开发、系统集成、生产制造、适航取证和服务保障等方面的能力。以国家启动 C919 大型客机项目为契机，通过航电公司构建航空电子产业平台，开展国际交流与合作，将国际先进的技术、成熟化的产品与国内需求相结合，大力推进国产大型客机航电系统的国产化进程。

四、国际经济技术合作

中国电科按照拟定的发展规划，确定了“通过国际合作高起点切入民用航空电子领域”的实施战略，目前，与法国、美国等国的著名航电系统供应商开展的技术交流、经济与资本的合作正在顺利推进。中国电科与国外先进企业展开通用航空领域合作洽谈，建立业务联系，通过资本并购等方式，进入飞行培训和维修领域。

五、重大设施建设

2013 年，在成都投资建设的航空电子产业园（简称航电产业园）。航电产业园将与国际一流航电企业、中国电科相关成员单位、国内知名航空航天高校联合打造西部民用航空电子产业基地，支撑西部科技发展。项目一期工程全部通过竣工验收，并陆续投入使用，收效显著。

六、机构调整和体制改革

中国电科在民品产业发展过程中，积极推进内涵式与外延式相结合的经营策略，从体制机制上，探索出一条国营资本、民营资本、地方政府资本互相融合的投资与资本运作的发展模式。完成华太航空科技有限公司投资后（业务为航空设备机载部附件的研发、维修），在完善航空产业链的同时，2013 年度取得了较好的经济效益。

（中国电子科技集团公司）

中航工业西安飞机工业（集团）有限责任公司

一、企业基本情况

中航工业西安飞机工业（集团）有限责任公司（简称中航工业西飞）创建于1958年，是我国大中型军民用飞机研制生产的重要基地，在50余年的发展历程中，中航工业西飞先后自主研制生产30多种型号的军民用飞机，并积极参与国际航空产业分工，同时大力发展非航空制造业，现已形成军机、民机、国际航空零部件转包生产业务、国内外投资业务四大产业格局。公司经济规模与综合实力居于同行业领先地位，营业总收入持续稳定增长。公司先后获2011—2012年度中华人民共和国国家质量奖、陕西省履行社会责任先进单位、陕西省节能先进单位、省文明建设先进单位、企业文化建设示范单位等荣誉称号。

二、主要产品

“新舟”60系列飞机。2013年销售交付“新舟”系列飞机6架，其中出口布隆迪1架。截至2013年底，“新舟”系列飞机已累计销售交付82架。2013年末“新舟”60飞机储备订单77架，其中出口54架。

国际航空零部件转包产品。2013年，国际合作业务继续保持增长，产品研发及生产能力持续增强，出口交付额再创新高，共交付19个品种1797架份国外航空零部件，出口交付额3.4亿美元，同比增长21%。实现批产项目稳定交付：A320翼盒、机翼总装，波音737NG垂尾项目保持稳定交付，全年完成A320翼盒交付50架份，机翼总装44架份，波音737NG垂尾279架份。

航空复合材料。由位于奥地利的FACC公司生产。主要产品有飞机结构（机翼—机身整流罩、机翼前缘、翼梢小翼、头部雷达罩等）、发动机结构件（风扇头锥、风扇机匣、整流罩、分流环、外涵道等）、内饰件（顶板、行李架、货舱内衬、地板、内部系统和机舱内饰）三大类。

三、产品开发与技术进步

2013年，科技活动经费支出占全年营业总收入10%左右。民用航空产品研制经费支出4.2亿元。2013年获得33项专利授权，其中发明专利18项，年末拥有有效发明专利60项。2013年民用航空研制项目15个，项目计划总投资41亿元，启动了“新舟”700研制项目，开展前期研究工作。民用运输机机身损伤容限设计关键技术研究及应用获“中航工业科技三等奖”、民用飞机结构稳定性分析方法集成优化获“陕西省国防科学技术进步三等奖”。

“新舟”600F型货机2013年8月完成型号合格证取证；2013年11月完成生产许可证取证审查，2013年12月取得生产许可证。“新舟”600飞机全机疲劳试验机完成试验37022次，实现了37000次的年度试验目标。“新舟”60人工增雨飞机完成飞机平台总装及部分任务系统的加装。“新舟”60海洋监测飞机完成飞机总体技术方案的评审、设计图样及文件发放，完成工装设计，进行制造，开始零件生产。完成“新舟”600特种飞机平台综合航电系统初步方案及可行性论证；完成特种飞机平台研制规划，并确定合作伙伴；完成“新舟”600特种飞机平台方案论证；完成“新舟”60减灾机方案论证；完成“新舟”60遥感机方案论证；完成C919客机研制批零组件配套，完成翼身组合体、中央翼等部件下线。

四、对外贸易与国际经济技术合作

大力进行市场开拓，确保公司转包生产持续稳定增长。2013 年与波音签署波音 737 内襟翼项目、波音 737 垂尾项目的合同，合同额共计约 7.2 亿美元；积极与波音联系，达成波音 777 内、外襟翼项目合作意向；完成波音 737 中央翼盒，波音 747 中央翼盒，空客 A330/A340 前起落架舱门等多个项目报价。

加强与波音的沟通，积极争取波音 777 内、外襟翼工作包能落户中航工业西飞。制定专题行动计划，与波音形成工作团队，推进波音 777 内、外襟翼项目合同谈判，合同评审、签署等工作。密切追踪波音 747 中央翼盒，波音 747－8 垂尾总装、平尾，ATR42/72 机身 15 段壁板等多个项目竞标进展。对于转包项目，联系潜在零件供应商，掌握市场行情，进一步优化项目成本，为后续项目谈判做好准备工作。

五、重大设施建设

2013 年民用航空产业利用非公开募集资金新开工项目重点完成项目有：20 台三坐标数控加工中心交付使用；完成五坐标数控机床、三坐标数控机床、数控车床等机械加工设备 21 台的合同签订工作；完成客舱乘务员系列训练设备的灭火模拟器、“新舟”600 飞机舱门训练器、“新舟”60 飞机舱门训练器、“新舟”600 型飞机客舱训练模拟器的合同签订工作。

利用自筹资金重点完成的项目有：波音 747－8 内主襟翼型架粉尘回收系统项目交付使用；“新舟”系列飞机电气附件综合测试系统项目交付使用。ARJ21 飞机项目预计新增工艺设备 30 台（套），建安工程 7 项，年末项目累计交付工艺设备 29 台（套）。

六、企业改革改制

按照中航飞机改革及专业化整合部署，参与并推进航空产业构架规划设计，以及起落架、工艺装备和研发中心整合工作。进一步整合优化公司航空产品生产资源；加大领导干部公开选拔、竞聘上岗力度，安排领导干部进行岗位交流。部分机关完成了干部和员工竞聘上岗工作，将机关富余员工充实到生产一线单位。对一线员工进行了技能提升培训、质量意识专项培训。

管理改进方面，修订绩效管理体系文件，优化关键绩效指标，加大模拟资产经营考核比重，关键绩效指标在公司、各单位之间实现纵向分解和横向衔接。广泛开展内部控制与风险管理体系建设工作，通过风险诊断、辨别和评估，建立 10 大类 464 条风险事件库，提高风险防范与处置能力。2013 年全年获得管理创新成果奖七项。质量管理方面，在专项质量整顿的基础上，广泛开展了“深化质量整顿、实现四个提升”质量改进活动，制订 103 项具体措施，通过全员参与、持续改进，扭转了质量被动局面。全年修订完善质量体系文件 141 份，在 ARJ21 项目、“新舟”项目上实施自主质量控制，通过新时代认证中心、法国国际检验局（BVC）和中国商飞质量管理体系审核。

（中航工业西安飞机工业（集团）有限责任公司）

中航工业西安航空发动机（集团）有限公司

一、企业基本情况

中航工业西安航空发动机（集团）有限公司（简称中航工业西航）始建于1958年，是以资产为纽带，母子公司体制的企业集团。1998年，公司经批准进行现代企业制度改革，成立国家独资的中航工业西安航空发动机（集团）有限公司。2001年，实行债转股，组建以原中国航空工业第一集团公司和华融资产管理公司为股东的有限责任公司。

2007年3月，中航工业西航借中国粮油集团公司对吉林华润生化股份有限公司实施资产重组的契机，实现借壳上市的战略部署。2008年11月20日，中航工业西航控股的“西安航空动力股份有限公司”（简称航空动力）正式成立，成为国内首家航空动力装置整体上市的公司。2009年12月24日，航空动力首次非公开发行股票10245万股，募集资金20.49亿元，为公司长远、健康的发展奠定了坚实的基础。

截至2013年，中航工业西航拥有员工14000余人，其中：工程技术人员2000多名，拥有各种国内外先进的冷、热加工设备和计量测试设备8000余台（套）。

二、生产经营情况

2013年，中航工业西航实现销售收入101.86亿元，实现利润1.8亿元。同时，实现工业总产值72.02亿元，民用航空产品产值14.12亿元，出口交付额2.6亿美元。

三、主要产品

中航工业西航依托自身在发动机制造行业的优势，从20世纪70年代中期就开展与英国罗·罗公司在航空发动机生产领域的合作业务。外贸转包业务经过30多年的发展实现由简单件到复杂件、静止件到转动件、一般件到关重件、单个件到组合件“四个转变”，先后为20多种发动机提供1000多种零件，近百种产品成为客户的唯一供应商。在产业规模、市场拓展、业务管理、技术竞争力等方面已达到相当实力，获得了广泛的客户认可。

中航工业西航拥有比较稳定的产品族群，在民用航空领域，主要以航空发动机及其衍生产品的零部件转包为主，产品涉及到了发动机压气机、燃烧室、涡轮、机匣等关键部件，包括盘类零件、环类零件、封严类零件、轴类零件、机匣类零件、涡轮叶片和压气机叶片零件以及其他结构类零件等。产品的零件种类超过上千种，为全球20多型发动机提供零件配套。同时，还开展航空衍生产品的零件转包业务，为LM2500、LM6000等知名燃机提供零件制造业务。2013年公司先后与通用电气（GE）、斯奈克玛（SNECMA）签订长期采购协议，为公司民用航空业务后续发展打下良好基础。

四、产品开发与技术进步

中航工业西航外贸转包中多数产品属于航空发动机的关键件和重要件，工艺复杂、加工难度大、技术条件苛刻，是航空发动机制造技术领域的尖端零部件。

通过外贸转包生产，不仅扩大了中国航空发动机零件的出口，提高了创汇能力，而且提升了中国制造企业在全球航空工业的地位，提高在世界航空发动机制造领域的知名度。通过与客户建立长期稳定的业务与生产过程合作关系，促进公司技术保障体系、质量保证体系、内部管理体系、商务运作等逐步与国际接轨；通过引进和吸收国外的先进加工技术、加工诀窍、检测方法、特种加工手段，大大提升企业的技术能力，增强企业核心竞争实力。目前公司已掌握对盘类零件、环形件、鼓筒轴、涡轮导向器前支撑（FINS）、精密铸造叶片、精密锻造叶片等近千种零件的所有加工工艺，特种工艺继续保持 NADCAP 的 9 大项、33 分项的特种工艺认证，认证范围和数量位居国内同行业领先地位。产品的制造技术既有深度，又有广度，其中部分制造技术已达到或接近国际同行业先进水平。

五、国际经济技术合作

经过 20 多年的发展，中航工业西航外贸航空零部件转包生产取得突破性进展，先后与美国 GE、英国罗・罗、法国斯奈克玛、加拿大普・惠公司等世界著名航空发动机制造企业建立长期稳固的战略合作关系，并成为数家外国发动机制造公司的近百种零件的海外唯一供应商。合作方式已发展到 RSP 风险合作，为公司持续快速发展奠定基础。

2010 年，与意大利艾维欧航空航天动力集团（简称艾维欧）及艾维欧（北京）航空航天动力技术有限公司，合资成立西安西艾航空发动机部件有限责任公司，主要负责燃烧室部件转包生产，对提高公司航空燃烧室部件制造能力、融入世界航空产业链具有重要意义。

六、企业改革改制

在国家对国有企业实行“精化分立、主辅分离”的政策引导下，公司重组整合了民品业务，先后组建多家独资或控股公司，建立了现代企业制度；在原有产品的基础上，开拓航空航天地面设备等业务。

近年来，为了加速公司转型升级，公司对外贸业务的主力板块——国际业务分公司（简称动力国际）的组织机构进行重新整合，机构调整的总体原则是通过动力国际模拟子公司的独立经营和对公司外贸业务机构的调整，实现资源优化配置，业务流程简捷，以及低成本、高效率的运营，使动力国际更好地实现公司外贸转包业务战略目标。

（中航工业西安航空发动机（集团）有限公司）

中航工业哈尔滨飞机工业集团有限责任公司

一、企业基本情况

中航工业哈尔滨飞机工业集团有限责任公司（简称中航工业哈飞）是大型国有骨干企业，隶属于中航工业所属的中航工业直升机公司。公司注册资本108403万元，现有职工6688人，占地面积463万米^2。公司拥有先进的直升机、通用飞机和复合材料构件制造优势，成为波音、空客等国际顶级航空企业的供应商，并承担大飞机的研制和生产项目。现主要产品有AC312系列直升机、运12系列飞机和EC175直升机机体、EC120直升机机体等。

二、生产经营情况

2013年，中航工业哈飞实现工业总产值80亿元，同比增长18%；实现营业收入75亿元，同比增长22%；实现利润总额8600万元，同比增长25%。

2013年共生产民用整机35架，EC175机体7架份、EC120机体5架份。

三、主要产品

运12系列飞机。中航工业哈飞自主研制的运12系列轻型多用途飞机，是我国第一个取得中、英、美三国型号合格证的飞机。目前供应市场的有运12Ⅱ型、运12Ⅳ型、运12E型等，已外销到20个国家和地区，是中国出口数量和出口国家最多、适航水平最高、出口潜力最大的民用飞机，也是中国唯一在世界范围内形成运营机群的通用、支线飞机。截至2013年底，中航工业哈飞已交付运12系列飞机160余架。

EC120直升机。1993年，中航工业哈飞与法国欧直公司、新加坡科技宇航公司采取共同投资、共担风险、共享利益的方式，共同研制、联合设计、合作生产了单发五座轻型EC120直升机，该机已取得30多个国家的型号合格证。该项目是中国航空领域走国际合作道路的成功典范。截至2013年底，中航工业哈飞已交付EC120机身结构700余架份。

四、产品开发与技术进步

运12F飞机研制项目：运12F飞机是以运12E飞机为基础，通过换装大功率发动机和对机翼、机身、起落架等改进设计，以提高飞机的飞行速度、增大商载能力和航程，改善乘坐舒适性，降低使用维护成本，在非增压座舱竞争飞机中处于先进水平。运12F飞机以其更优良的性能将扩大销售、拓宽市场，增加出口创汇，成为中、短途支线客运为主的飞机。项目建成投产后，预计每年将有15架的市场需求。2005年10月，该项目获得原国防科技工业委员会批复；2006年完成打样设计；2007年完成详细设计；2010年12月28日完成001架机首飞；2012年8月11日完成002架机首飞，2013年进行取证试飞，预计2014年取得CAAC型号合格证。

五、国际经济技术合作

中航工业哈飞有着30多年的国际合作转包历史，通过风险合作、合资公司、转包生产三种模式成功融入世界航空产业链，成为世界知名的航空零部件供应商，尤其是在复合材料技术方面，领军国内的同时，也在世界范围内享有广泛的声誉。截至2013年，中航工业哈飞与波音、空客、欧直、巴航工业、埃赛、GKN、英国罗·罗等公司有着直接的合作，并与GE、庞巴迪、霍尼韦尔等公司保持着友好的关系，现有EC175直升机、EC120直升机、波音787翼身整流罩、波音737副翼调整片、埃赛F7X短舱、哈尔滨空客合资制造中心、哈尔滨安博威合资公司等国际合作及转包项目。

2013年是中航工业哈飞国际合作与转包历

史上有着里程碑意义的一年，波音 787－8 翼身整流罩项目的生产速率从 2012 年的每月 4 架份上升到每月 8 架份；波音 787－9 翼身整流罩项目启动，并且交付 5 架份；波音 737 项目 6 月份交付首件，11 月份达到月交付 40 架份的满速率水平，全年累积交付 190 架份，半年时间从首件交付到满速率达产。波音 737 系列飞机是世界航空史上最成功的民用客机，通过 737 项目，再次向世界展示公司在管理、技术、制造等方面的综合实力。与法国埃赛公司合作的 F7X 短舱项目在 2012 年底交付首件后，2013 年顺利实现批产转型，达到月产 2 架份的水平。

AC352/EC175 直升机研制项目。该项目是中航工业哈飞和法国欧洲直升机公司联合研制的一种先进中型多用途直升机。双方在设计、试验、制造、试飞、取证和市场营销等方面进行全面合作。该项目的实施使我国的直升机企业向世界先进民用直升机主制造商行列迈进了一大步，使中国的直升机企业按照国际适航标准的要求走完民用直升机研制的全过程，得到一个先进的通用民用直升机平台。先进中型多用途直升机在欧直公司的直升机序列内代号是 EC175，中航工业哈飞为其提供机体，在中国直升机序列内代号是 AC352，由中航工业哈飞生产整机。目前 EC175 直升机已获得欧洲航空安全局（EASA）适航证。截至 2013 年底，中航工业哈飞累计交付机体 16 架份。

空客转包生产项目。该项目占用土地 8 万米^2，一期固定资产投资 10 亿元，历时 3 年新建 3.4 万米^{2}厂房。总投资 20.6 亿元，计划 2015 年达产。现已签订 7 个工作包，合同总金额 5 亿元。截至 2013 年底，累计交付 A320 方向舵 86 架份、A320 升降舵 15 架份、A350 升降舵 4 架份、A350 勤务舱门 20 架份。项目达产后，预计实现产值 10 亿元，将成为国内首个 A350 大部件全球唯一供应商。

（中航工业哈尔滨飞机工业集团有限责任公司）

中航工业沈飞民用飞机有限责任公司

一、企业基本情况

中航工业沈飞民用飞机有限责任公司（简称中航工业沈飞民机公司）成立于2007年8月28日，由中航飞机股份有限公司、中航工业沈阳飞机工业（集团）有限公司、中航投资控股有限公司共同组建，分别出资45%、40%和15%，注册资金5亿元。

中航工业沈飞民机公司主营业务为民用飞机零部件的设计、试验、生产、销售及相关业务和进出口贸易等，截至2013年底全部从业人数2305人，资产总额23.09亿元。

二、生产经营情况

2013年，中航工业沈飞民机公司实现销售收入82698万元，同比增加22.13%，实现利润总额2328万元，同比增加24.96%，出口交付额12001万美元，与2012年基本持平。

三、主要产品

中航工业沈飞民机公司与中国商飞、波音、空客、庞巴迪、空客直升机、赛峰等国际知名航空制造企业均建立稳定的合作关系，主要产品涵盖空客A320、波音737、波音787、Q400、C系列、ARJ21新支线飞机、C919大型客机等现役和在研民用飞机的主要机体结构部件，包含机身（含舱门）、尾段、吊挂、机翼前缘、垂尾前缘、电缆、应急舱门等产品，合作范围涉及设计、制造、试验、售后服务等民用飞机研制多个领域。中航工业沈飞民机还与以色列IAI公司合作承揽包括波音747、波音767等民用飞机的客机改货机机体部件业务。

四、产品开发与技术进步

在航空制造产业转移和新一轮产品开发竞争的良好契机下，中航工业沈飞民机深入贯彻中航工业市场效益年要求，持续加强市场体系建设，在国内外市场开发上面做足功夫，在巩固市场管理体系测评成果基础上，持续完善市场开发管理制度和相关流程，产品开发取得新成果。2013年6月17日，中航工业沈飞民机与拉比纳公司签订A320电源箱制造合同；9月24日，与波音公司签订波音777FTB复材壁板项目制造合同；10月21日和11月17日，分别接收到中航飞机西安民用飞机有限责任公司“新舟”700飞机尾段、后货舱门方案设计任务单。C919项目交付系统试验所需的吊挂、尾锥，按中国商飞公司要求完成关键技术攻关、结构件设计许用值试验、工装制造等工作。

建立MBD数字化协调体系，编制下发《并行工程管理规定》；完善工艺技术标准体系以及工具、工装、设备管理体系；开展各项目劳动定额分析，加强对各生产单位的工艺纪律检查；标准化管理体系和档案管理体系建设规划基本完成，为公司技术进步奠定良好基础。

初步完成飞机研发设计体系，搭建LCA研发设计平台并进行试运行。参与中国商飞项目的电缆设计和客服技术支持工作；参与C系列各工作包的详细设计；获得“新舟”700飞机尾段、后货舱门设计和制造工作包，标志着中航工业沈飞民机在向一级供应商前进的道路上迈出坚实一步。

2013年，获得授权专利3项，其中包括发明专利1项，截至年底拥有有效专利21项，其中包括发明专利2项，另外还发表4篇科技论文，承担1项国家级科技课题，获得2项中航工业科技成果。

五、重大设施建设

中航工业沈飞民机公司ARJ相关建设项目投资已基本完成，土建工程已完成，设备除了自动钻铆机、蒙拉机等长周期采购大型设备外，其他设备已完成采购并投入使用。复材一期建设和金属胶接、手动喷丸线建设全面完成；动力设施、污水站、纯水供应系统的精益运行与管理工作成效显著。推进 C919 项目研保条件建设论证和建设工作以及复材生产线规划工作。另外，中航工业沈飞民机公司研发办公楼主体建设年底已完工。

（中航工业沈飞民用飞机有限责任公司）

中航工业成都飞机工业（集团）有限责任公司

一、企业基本情况

中航工业成都飞机工业（集团）有限责任公司（简称中航工业成飞），创建于1958年10月18日，是我国民机零部件重要制造商，国家和四川省的重点优势企业。公司拥有综合性机场、铁路货运线，占地近500万米^2，在册职工16000多名。

中航工业成飞先后承接了麦道机头、波音757尾段、空客A320后登机门、达索公务机油箱以及波音787方向舵的转包生产。在中国自主研发的第一个大型民用客机C919、国产新支线飞机ARJ21和国产大型灭火水上救援水陆两栖飞机的研制中承担了机头的研制生产任务。

中航工业成飞拥有雄厚的技术实力和与国际接轨的质量保证体系，曾获得国家、省部级科技进步奖500余项，一批具有世界先进水平的新技术、新设备、新工艺、新材料被广泛应用于产品的设计制造过程中，是国家"CIMS应用领先奖"的航空企业，初步实现了"数字化成飞"。

中航工业成飞荣获了全国"五一"劳动奖状、全国文明单位、全国质量奖、全国思想政治工作先进单位、全国企业文化建设优秀单位、国防科技工业军工文化建设示范单位、全国职工互助保障先进单位、中国企业自主创新奖、中央企业先进集体等400多项省部级以上荣誉，是中国企业形象AAA级单位。

二、生产经营情况

2013年，民机转包项目生产交付2753架份，其中美洲项目1281架份，欧洲项目1469架份，以色列项目1架份，国内民机项目2架份。民机转包实现收入6.16亿元，较2012年增长15.14%。

三、主要产品

（一）国内民机项目

主要是ARJ21新支线飞机机头、C919大型客机机头，以及大型灭火水上救援水陆两栖飞机机头。

（二）国外转包项目

主要是波音737前登机门、波音787方向舵、波音747－8平尾、空客A320后登机门、A320前起落架舱、达索FX7壁板、IAI公司G280后机身等国外转包项目。

四、产品开发与技术进步

（一）国内飞机研制项目

C919大型客机机头。2009年，中航工业成飞/成飞民机公司获得C919大型客机项目机头工作包授权。2009年12月25日，完成机头工程样机研制。2013年12月31日，完成C919大型客机项目机头鸟撞试验件驾驶舱骨架装配下线工作。

大型灭火/水上救援水陆两栖飞机（TA600项目）。2013年9月，中航工业成飞和成飞民机公司签订了《关于TA600飞机机头部件段工作包分工界面的协议》。该项目由中航工业成飞主要负责机头结构和系统的零件研制（约5200项），工装的设计/制造，原材料（含工装材料）的采购。2013年11月8日，中航工业成飞和成飞民机共同成立了"TA600项目领导小组"，共同制订了TA600项目上进度计划。

（二）国外转包项目研制

空客A350扰流片及下垂板项目。根据空客GRAMS（供应商通用管理要求）在项目与发展阶段的具体要求，中航工业成飞在产品发展计划、制造流程、工业化质量文件、供应链文件、取证计划方面进行了完善与更新，相关部门梳理中航工业成飞转包生产制造的现状，对照空客标准规范的要求，提交差异分析及改进措施报告。2013 年 11 月 24 日，中航工业成飞召开党政联席会，通过 A350 项目条件建设投资方案，定位于拉动公司复材技术和加强与空客公司的合作。

F7X 壁板 M1000 项目。2013 年 6 月，成飞民机公司与法国索吉玛公司在 F7X 壁板 900 构型的基础上签订了 F7X 壁板 M1000 构型项目，中航工业成飞与成飞民机就 F7XM1000 项目进行多次洽谈，初步确定了双方的工作界面，关联交易合同正在谈判，中航工业成飞根据研制主进度计划要求，进行了前期工艺准备工作。

G280 后机身项目。G280 后机身项目采用不同于其他转包项目的装配技术——精确装配技术，要求装配导孔在零件制造阶段必须制成终孔，因此零件制造阶段的工作量很大。2013 年 10 月 18 日，G280 后机身项目实现首架交付，表明中航工业成飞制造技术的提升达到新的水平。

其他国外转包项目。波音 737 方向舵项目、波音 767 - 300 客改货项目尚在研制阶段。

五、重大设施建设

2013 年 4 月，中航工业成飞开始进行与 A350 飞机相关项目的投资方案立项论证工作，2013 年 11 月 24 日，投资方案通过公司党政联席会审批，项目总投资约 1.4 亿元，建设周期 36 个月。

（中航工业成都飞机工业（集团）有限责任公司）

中航工业沈阳黎明航空发动机（集团）有限责任公司

一、企业基本情况

中航工业沈阳黎明航空发动机（集团）有限责任公司（简称中航工业黎明）成立于1954年3月。中航工业黎明在岗员工18000余人，各类技术、技能专家约1300余人，拥有各类设备及仪器、仪表17000余台套。

在新中国航空发动机历史上，中航工业黎明曾经创下五个第一：第一台航空涡轮喷气发动机、第一台地地导弹液体火箭发动机、第一台具有完全自主知识产权的航改燃机、第一台具有完全自主知识产权的航空发动机、第一台具有完全自主知识产权的重型燃机均在这里诞生。

二、主要产品

目前，中航工业黎明产品主要包括航空产品批产、航空产品科研、转包与民机和非航空产品四大板块。其中转包与民机板块是公司扩大经营规模、实现战略目标的支柱产业。

中航工业黎明的民用航空产品主要是转包生产的零部件。目前，转包生产正在加工的民用航空发动机零部件主要有：机匣组件、轴类零件、环形件、槽形件、风扇盘、压气机鼓筒、钣金件整流罩、静子壳体等。转包的发动机敏感件喘特700转子组件在2012年研制成功并顺利批产，标志着已具有加工敏感类转动组件能力，并形成批量能力。

三、生产经营情况

2013年，全年营业收入突破145亿元，并荣获中航工业“经济规模贡献银奖”。

四、产品开发与技术进步

中航工业黎明与美国GE公司签署了CF34－10A航空发动机部件及整机装配试车项目的框架协议，这标志中航工业黎明与国际知名公司合作进入一个全新阶段。

中航工业黎明的转包生产取得一系列的技术进步，先后在发动机机匣锯齿孔加工、长轴珩磨加工、油气水路一体化燃油喷嘴组合加工、热障涂层、无磁钢管加工、钛合金金属黏结、蓝腐蚀表面处理、硅橡胶填充等重大技术上取得突破；自制了12工位电极夹具、液压胀形装置、悬臂式送料系统等多种生产设备；完成各种攻关课题89项，申请专利31项，其中多项创新成果填补公司、行业和国内的技术空白。

五、国际经济技术合作

中航工业黎明依托于航空制造业发展民用航空转包业务，历经多年发展，由当年的国际窗口日益演变成公司的重要经济型产业之一。与客户的合作由最初的一般供应商逐步发展为风险共担的战略合作伙伴，加工的零件也逐渐从简单件向复杂件、一般件向关键件、零件向部件和组装件乃至整机过渡。合作伙伴主要包括美国GE能源与水处理公司、美国GE航空公司、意大利油气公司、英国罗·罗公司、德国罗·罗公司、法国斯奈克玛公司、美国普·惠公司、美国哈立波顿公司、意大利艾维欧（Avio）公司、美国FMC公司、美国斯仑贝谢公司等。

同时，中航工业黎明围绕抓市场、出产品、促发展的原则，理清客户关系，明确市场方向，迅速增加批产订单，扩大市场份额。已与比利时Tachspaces公司签署长期协议，同时与德国西门子公司的合作谈判正在进行中。

六、重大设施建设

近年来，为保证民用航空发动机业务的快

速增长，中航工业黎明放飞思想，逆势而上，以融入区域经济发展圈、促进区域经济与航空工业互动发展为目标，紧紧抓住国际各大航空发动机企业大举进军中国市场的契机开展合作，先后投资建设民用航空发动机零部件 7 条专业化生产线，主要包括现有厂区内的盘鼓、轴、喷嘴、钣金、中小机匣五条专业化生产线，在沈阳出口加工区租用厂房建设大机匣和罗·罗短轴生产线。目前，这 7 条生产线已全部建设完成，已形成年销售收入超过 15500 万美元以上的加工生产能力。

七、企业改革改制

中航工业黎明在总结历史经验基础上，围绕企业核心技术专长，公司组织实施重大战略转型，推行技术相关和市场相关多元发展战略，即立足制造业，实行产品相关和市场相关多元扩展，并向产业链上下游延伸，努力形成一个以军品为核心、寓军于民的航空发动机、燃气轮机、转包与民机和非航空产业为主体的大型企业集团。技术创新和管理创新是中航工业黎明实现跨越发展的两大着力点。

对技术系统进行重组，搭建并不断强化技术管理、技术产出、专业 COE、快速反应四大平台建设，提升公司整体技术创新能力；积极组织开展技术创新晋级达标活动，不断巩固技术专长，完善特有技术。

基于产品典型工艺特征，中航工业黎明组建数条专业化生产线，对转包和非航空产品实行事业部制；以综合平衡计分卡（IBSC）为引领，公司将精益生产、流程管理、信息化建设、绩效管理等多种方法融合在一起，逐步建立以经济增加值（EVA）为核心的企业价值管理体系，推动战略目标落地。

（中航工业沈阳黎明航空发动机（集团）有限责任公司）

中航工业沈阳飞机工业（集团）有限公司

一、企业基本情况

中航工业沈阳飞机工业（集团）有限公司（简称中航工业沈飞）是以飞机制造为核心主业，集科研、生产、试验、试飞为一体的大型现代化飞机制造企业，现有从业人员18650人。公司拥有飞机装配、整机试验、可靠性试验、飞行试验的技术、设备和完整的航空产品制造生产线及设备。具有数控加工、计算机网络及软件开发能力。具备较好的数字化设计制造的基础，初步形成了数字化设计制造能力，并且在数字化并行设计、全数字化协调、数控加工、数字化装配与检测、工装数字化设计和制造等方面积累了比较丰富的实践经验。公司航空产品的关键环节均采用了数字化技术，实现了数字化制造技术在航空工业制造上的领先应用。同时，公司还具备支线飞机、通用飞机等民用飞机研制能力，拥有大小近百条专业民机生产线。具备铝型材、仓储物流设备、烟草机械、抗静电全钢通路地板等多种民用产品的研发制造技术。

二、生产经营情况

2013年，中航工业沈飞营业收入累计实现132.6亿元，同比增长7.4%。其中民机收入1.6亿元，同比降低67.2%。利润总额累计实现4.5亿元，同比增长7.7%。工业总产值累计完成135.3亿元，同比增长8.5%。其中民机产值2.1亿元，同比降低66%。出口额累计实现12242万美元，同比降低6.7%。其中民机出口交付额12007万美元，同比降低6.2%。

民机指标同比下降较多，主要是受全球经济复苏乏力、市场需求疲软影响，部分项目订单减少较多。此外，部分合同主体转移的项目零件分工有所减少。

三、主要产品

（一）国内项目

ARJ21－700吊挂、尾段、电源中心、无线电架、全机电缆，C919后机身、垂尾、APU舱门、吊挂。

（二）转包项目

波音737上舱面、下舱面、APU舱门，波音737第48段，波音787－8垂尾前缘，波音787－9垂尾前缘，波音747客改货地板、口框，波音767客改货口框、地板、舱门，A320应急舱门、机翼前缘，Q400前机身、后机身、尾段、中机身、中机身电缆、对接电缆，SSJ－100机加零件。

（三）风险合作项目

C系列飞机后桶段、前机身、中机身。

四、产品开发与技术进步

（一）产品开发

2013年中航工业沈飞积极开拓国际民机市场，与俄罗斯阿穆尔河“加加林”航空生产联合体就SSJ－100飞机零件加工项目进行多次沟通、互访，2013年8月6日双方正式签订合同，合同包括11项零件，共15架份，合同总额为37.5万美元。该项目是中航工业沈飞与俄罗斯共青城厂在民机领域里的首次合作。

SSJ－100项目进展：2013年6月12日至13日，与俄方就先行启动11项SSJ－100机加零件在中航工业沈飞的制造达成一致；7月4日，中航工业沈飞正式下达SSJ－100项目启动指令；9月9日至13日，俄方对SSJ－100项目进行了质量管理体系审核及技术、质量、海关业务等方面的协商，并签署质量协议；俄方的第一批供料到货后，12月7日实现首件开工。

（二）技术进步

开展中航工业创新基金项目《C系列飞机

铝锂合金结构机身设计与制造技术研究》工作。2013 年 9 月 23 日通过中航工业航空装备专家组验收。该项目实现了研究目标，完成以第三代铝锂合金为主体结构的桶段试验件的设计和制造、材料基础性能测试、工艺性能试验等，突破多项关键技术，达到立项任务书要求。项目的实施和推广应用为完成公司与加拿大庞巴迪公司的总合作合同奠定了技术基础，促进了公司民机整体研发制造能力的提升。项目研究成果获沈阳市科学技术进步奖三等奖。

开展《民用飞机复合材料机身/中央翼盒基础与关键技术研究及典型件验证》课题工作。完成工装制造、零件制造和机身段装配。该机身段验证件是国内首件全尺寸复合材料机身段验证件，其研制过程突破大型民机机身复材壁板共固化技术、大曲率复材机身壁板自动铺带转移制造技术、大曲率复材机身框梁制造变形控制技术和大型民机复材机身装配综合技术等多项关键技术，实现项目预期目标。

五、国际经济技术合作

继续与美国波音、美国势必瑞公司，加拿大庞巴迪公司，英国英宇航公司，德国欧洲直升机公司，新加坡新宇航，以色列 IAI 公司等开展民机零部件转包生产项目合作，各项产品均按计划交付，满足客户订单要求。

中航工业沈飞作为加拿大庞巴迪公司的风险合作伙伴，参与 C 系列项目的设计、制造、测试、售后服务和适航取证工作。2013 年，后桶段已由研制阶段转入批产阶段，全年完成 16 架份零件配套和 5 架份产品交付；前机身首批零件（共 562 项）配套 97.8%，完成 2 架份客户供件产品交付；中机身 9 月 15 日启动客户供件首架装配；自制零件工艺准备完成 FO 编制 616 项、数控编程 146 项、客户供件返修/报废新制 17 项 85 件。

六、重大设施建设

C 系列项目进行了金属和表面专业的技术改造，固定资产投入 6207.56 万元，主要建设内容为：新增表面处理生产线配套设备、数控五坐标双主轴立式高速铣床等设备 29 台/套。

（中航工业沈阳飞机工业（集团）有限公司）

中航工业成都发动机（集团）有限公司

一、企业基本情况

中航工业成都发动机（集团）有限公司（简称中航工业成发），始建于1958年，是中国航空发动机及其衍生产品科研、制造基地。公司拥有国家级及省级技术中心各一个；公司的国防二级区域计量站具备国家、国防检测和校准实验室认可资格，理化检测中心通过了国家实验室资格认可。

截至2013年12月，中航工业成发资产总额56.6亿元，拥有6个全资子公司、1个控股上市子公司和4个参股公司，建立了规范、高效的集团管控体系；公司拥有从业人员5932人，其中：工程技术人员1139人、管理人员1025人，具备高级职称的有209人，硕士及博士研究生174人。

二、生产经营情况

（一）企业整体经营情况

2013年，工业总产值实现32.6亿元，增加值6.1亿元，其中工业增加值5.2亿元；营业收入全年实现37.6亿元，其中外贸转包实现销售收入1.7亿美元，同比增长9%，创历史新高；利润总额全年实现0.9亿元（2013年8月起，公司的下属全资子公司——成都成发科能动力工程有限公司划转至中航工业动科，故本部分数据同期不具可比性）。

（二）民用航空经营情况

2013年，公司民用航空外贸全年实现销售收入8195万美元，同比增长701万美元，增幅为9%。其中，出口GE航空项目4340万美元，同比增长1.8%；出口英国罗·罗公司项目完成2707万美元，同比增长8%；霍尼韦尔项目实现1097万美元，同比增长66%。

三、主要产品

民用航空主要产品有航空发动机的风扇机匣、涡轮机匣、轴承机匣、蜂窝密封件、环形件、燃烧室机匣、燃烧室钣金件等航空发动机零部件，产品涉及美国GE公司的GE－90系列、CF－6、CF－34系列、GE－nx系列、LM2500、GP7200、LeapX、Passport20和英国罗·罗公司的“遄达”1000、RB211－545、V2500、BR710等民用航空发动机型号。同时，公司也在积极参与中航工业商发的民用航空发动机的研制项目。

四、产品开发与技术进步

（一）产品开发

GE航空项目。2013年，GE航空项目成功开发了包含同步研发项目Leap1B高压涡轮机匣在内的28项新品，未来5年订单总计2000万美元左右，并成功引入风扇框架组合件，在提升合作层级的道路上迈出了关键的一步。

罗·罗公司项目。中航工业成发获得TRENTXWB和TRENT1000－TEN两个燃烧室机匣同步工程的10年订单；双方就BR700NG三个机匣达成合作意向；得到9年总计3.5亿美元的业务报价包。获得罗·罗公司航空“2013年度卓越供应商奖”，该奖项在全球仅三家供应商获得，中航工业成发是亚洲唯一一家获得该奖项的公司；因产品质量和交付表现出色，获得罗·罗公司亚太区供应商改进最佳项目奖。

霍尼韦尔公司项目。2012年和2013年连续2年交付额同比超过50%，并在2013年突破了1000万美元的年交付额，现已成为霍尼韦尔中国最大的供应商。鉴于该项目在交付质量等方面的卓越表现，公司成为霍尼韦尔历史上唯一一个连续2年获得年度供应商奖的供应商。其中航空铸件项目已经启动，预计在2014年10月份完成首件交付；航空叶片项目已被列入霍尼韦尔G383包入围候选供应商名单，待霍尼韦尔完成技术审查后，将启动全球网上竞标。

（二）技术进步

2013 年，中航工业成发成功引进 GE 航空 CF34－10A 和 CF34－10E 两种型号的风扇框架组合件，这是公司从零部件制造向大型组合件制造迈出的关键一步，目前，正在积极开展产品试制工作；公司成功承接英国罗·罗公司“遄达”1000 和“遄达”XWB 燃烧室后内机匣同步研制项目，这是除 GE 航空同步研制项目外公司提升合作模式的又一关键项目。

2013 年，中航工业成发进一步加大技术攻关力度，主要开展项目如下：开展某型发动机所需大型薄壁环形构件的加工变形控制技术攻关，研究了控制大型薄壁环形构件加工中变形的工艺方法；开展某型发动机的风扇盘的圆弧榫槽加工技术及增压级转子叶片圆弧榫齿加工技术研究；完成霍尼韦尔转动空气密封件的加工技术攻关；提高 GEAE 机匣 2060M40 电加工效率；成功解决英国罗·罗公司项目零件在化学转化后涂层表面问题。

2013 年，公司根据生产现场合格率不高、生产效率低的工艺组织开展大量改进工作，全年完成 17 项工艺改进项目。同时，开展 40 余项新工艺试制。

五、国际经济技术合作

在民用航空发动机领域与美国 GE 公司、美国普·惠公司、英国罗·罗公司、德国罗·罗公司、法国斯奈克玛公司、西班牙 ITP 公司、加拿大普·惠公司等世界知名航空发动机制造商建立长期合作关系，成为美国 GE 公司、普·惠公司和英国罗·罗公司的合格供应商。

航空零部件转包从单一的小零件制造逐步向高端、精密制造，正向产业链的高端发展，已由单一客户发展到世界著名航空发动机制造商客户群。公司通过对外交流，加强与客户的沟通，引进了新的管理理念，使公司外贸民用航空产品的销售份额也逐年提高。

（中航工业成都发动机（集团）有限公司）

上海飞机制造有限公司

一、企业基本情况

上海飞机制造有限公司是中国商飞公司全资子公司和总装制造中心。注册资本 20 亿元。前身为建于 1950 年的空军 5703 厂，从飞机修理起步，为空海军、中国民航修理、改装了 30 多种型号、3400 多架飞机。自 20 世纪 70 年代以来，研制了中国自行设计、拥有自主知识产权的四发喷气式客机运 10 飞机，完成与美国原麦道飞机公司合作生产 35 架 MD82/83 飞机的总装制造任务，并作为主制造商完成了机体国产化率 70% 的 2 架 MD90－30 干线飞机总装制造。2008 年 5 月 11 日，整建制进入中国商飞公司，2009 年实现公司制改造，在上海大场地区拥有一个支线飞机总装基地，位于浦东祝桥地区的大型客机总装基地即将建成并投入使用。

上海飞机制造有限公司承担着中国自主研制的 C919 大型客机和 ARJ21 新支线飞机的总装制造业务，转包生产波音新一代 737 飞机水平安定面、空客 320 飞机货舱门门框、波音 787－8 着陆灯结构件。具有大型飞机总装能力、先进的部件对接技术、国际规范的测试和校验设备、可靠的质量保证体系。公司致力打造成为世界民机领域一流总装制造企业，成为最具效率、最值得信赖的航空总装制造商。主要经营民用飞机等航空器及相关产品的研制、生产、改装、交付、销售、维修、仓储、服务业务，承接飞机零部件加工生产业务，经营本公司或代理单位生产所需原辅材料、设备、仪器、备配件、技术进出口业务及相关技术开发与咨询。

上海飞机制造有限公司的发展战略是：实现“一个目标”，即创建世界民机领域一流总装制造企业；建设“两大基地”，即大场基地和浦东基地；发展“三大主业”，即总装集成、关键零部件制造和转包生产、改装维修；打造“四个体系”，即成本管理体系、质量安全适航管理体系、技术管理体系和创新管理体系；培育六种能力，即民机总装集成能力、核心关键零部件制造能力、供应链构建与管理能力、新技术新工艺新材料应用研发能力、制造过程管控能力、民用飞机交付能力。

二、生产经营情况

2013 年，上海飞机制造有限公司全年总收入 20 亿元，工业总产值 27 亿元，工业增加值 3.9 亿元，出口创汇 7179 万美元，从业人员为 4628 人。

三、主要产品

（一）C919 大型客机项目

平尾、中机身、中央翼技术准备基本完成。完成厂际标工制造、平尾零件工装制造和 40% 装配工装制造。铝锂合金板材、机翼超规格板材配套完毕，首架机锻件全部交付。批准 233 项机体供应商特种工艺，确认 27 项公司内部特种工艺；工艺审定计划获中国民航局认可，12 名制造符合性声明签署人员获得授权。完成铁鸟导管、电缆研发试验件以及铁鸟平尾结构试验件制造。完成水平安定面、前缘和升降舵各 2 批设计许用值试验件制造。

（二）ARJ21 新支线飞机项目

构建预投产现场快速反应机制，解决部总装及供应商装配急缺 EO 共 700 余份，完成 1082 项现场缺件配套；实现 105 和 106 架机总装下线、107 架机系统安装、108 架机全机对接、109 架机大部件配套。完成 13 项试验试飞试验件制造，解决阎良现场缺件及备件 303 项，关闭 1198 份 AO/AAO。组建 CCAR145 部维修能力取证核心小组，完成 931 项维修手册操作验证。

（三）转包生产

在成立凯飞事业部的基础上，完善事业部

模式，强化独立核算能力。全年交付波音 737 - NG 水平安定面 321 架，同比增长 5.2%，100% 准时交付 153 个月；空客 A320 货舱门门框交付 240 架，同比增长 17.6%。波音 787 - 8 着陆灯结构件首架产品研制周期缩短至 12 个月，全年交付 7 架份；波音 787 - 9 机翼整流罩首架产品研制进入零件制造阶段。

四、产品开发与技术进步

国家商用飞机制造工程技术研究中心通过国家科技部验收，成立中国复合材料学会先进复合材料结构制造技术专业委员会，建立包括内外部专家近 200 人的专家库。全年申请国内专利 29 件，其中发明 21 件，实用新型 8 件，获得授权专利 23 件，申请登记软件著作权 2 件，“薄板零件的切割固定装置及其切割方法”荣获中国专利优秀奖。全年申报 57 项纵横向课题，立项 16 项，管理科研项目 191 项，结题 46 项，发布 10 篇企业标准。

五、重大设施建设

C919 大型客机工装设计与制造中心、数控加工中心、钣金加工中心、物流中心投入试运行。浦东基地 3 个工程完成主体建设，4 个完工，6 个启动建设，107 台（套）工艺设备交付使用。完成 5 条生产线详细设计和设备预验收，中机身、中央翼、水平尾翼 3 条装配生产线关键设备已交付，机身及全机对接生产线工装制造全面开展，总装移动生产线工装制造完成。开展数控机加车间数字化车间试点建设，标准件库房物流条形码管理试运行良好。

六、企业改革改制

配合中国商飞公司基础能力建设，完成原信息化部门、情报档案部门相关人员的调整划转，组建成立中国商飞计量中心；编发上飞公司《2013—2015 年发展纲要》，编制《2014—2016 年发展纲要》，修订发布《中长期发展战略规划纲要（2013—2020 年）》，积极开展“十三五”规划前期研究工作；伊飞管路合资公司完成 C919 大型客机铁鸟管路产品交付，与中航工业通飞签署“领航 150”型号公务机管路制造商务协议；赛飞线缆合资公司租用临时厂房并投入使用，年内完成第三次注资；按照理顺接口、机构精简、流程优化原则开展组织建设分析，完善了科学技术委员会、项目管理部、航空制造技术研究所及 8 个部门次级组织机构；内控体系实现定量管理，开展 27 个模块对标整改，编制流程 65 个，促进 22 篇制度修订；针对转包业务特点，初步建立风险预警指标体系，规章制度、经济合同、重大经营决策法律审核率达 100%。

（上海飞机制造有限公司）

上海航空工业（集团）有限公司

一、企业基本情况

上海航空工业（集团）有限公司是中国商飞公司全资子公司和基础能力中心。注册资本2.9亿元。前身为上海市708工程办公室，始建于1977年10月，后更名为上海市航空工业办公室，曾组织研制运10大型客机、涡扇8航空发动机。1984年12月转制为上海航空工业公司，与美国麦道公司合作生产MD－82/83，MD－90飞机。2008年4月，整建制划入中国商飞公司。2013年4月成为中国商飞公司基础能力中心，负责实施中国商飞公司信息化、审计、质量审核、标准化、工业工程、情报档案等基础能力建设及服务保障工作。2013年，实现营业总收入近2.9亿元，从业人员550多人。

上海航空工业（集团）有限公司下辖上海航空工业集团物业管理有限公司、上海航发机械有限公司、上海航宇科普中心等3个企事业单位。主要从事航空产品、航空零配件、航空设备、机电设备的销售，会务服务、物业管理、进出口代理，航空航天科技知识宣传普及等经营活动。

上海航空工业（集团）有限公司坚持“创新驱动、创业引领、创造品牌”发展理念，大力弘扬“科学求实、一丝不苟、团结协作、奋发图强”企业作风，积极践行“突出民机、服务型号、对标一流、主动作为”发展方针，以构建一体化协同机制为抓手，以技术突破、自主创新为动力，以管理体系建设、专业队伍建设、技术体系建设、企业文化建设为保障，为创建高效优质的基础能力服务平台不懈奋斗。

二、主要产品

（一）C919大型客机项目

设立项目型号IT团队，开展成本管理系统建设并上线运行，全面运行项目计划管理系统；开展项目复材机翼质量专项审核，对相关供应商进行审核；完善型号标准规范体系框架及细目表并形成采用标准规范清单，完成项目产品数据全面标准化审查。

（二）ARJ21新支线飞机项目

推进CPC平台升级，开展试飞任务和总体跟踪管理系统开发，进行技术出版物管理系统开发与管理；完善项目标准规范细目表，编制采用标准清单，开展相关培训及跟产跟飞工作；策划实施项目质量体系全过程的内部审核；发布《ARJ21项目归档工作指南》，完成2012年项目资料归档工作。

三、企业改革改制

对接中国商飞公司战略，调整主营业务，成立了信息化中心、审计中心、质量审核部、标准化部、工业工程部、情报档案中心、经营保障部，加快构建中国商飞公司基础能力。

信息化业务：负责中国商飞公司信息化基础设施统筹建设，信息系统类软件的开发实施、专业工具类软件的实施与应用，信息化系统的运行维护，信息安全管理以及数据中心建设与管理。

审计业务：负责中国商飞公司内部财务收支、经济责任、科研经费、建设项目、供应商等审计与评价的具体实施。

质量审核业务：负责策划和实施中国商飞公司内部质量体系全过程的内部审核，开展供应商体系评价与审核，配合实施项目质量专项审核。

标准化业务：负责承担中国商飞公司各类标准规范研究与制定，构建和维护公司标准规范体系，组织落实项目标准化工作任务，提供标准化咨询服务和技术支持。

工业工程业务：负责策划并组织推进精益管理，推进工时技术研究与应用，研究与推广管理方法。

情报档案业务：负责科技情报、竞争情报的跟踪、搜集、研究、推送，为中国商飞公司提供情报支持，建设和管理公司情报数字资源，提供相关期刊和文献服务，接收、保管重要档案资料，进行鉴定、开发并提供利用。

服务保障业务：负责中国商飞公司在上海地区各类非主资产管理，统筹中国商飞公司服务保障资源，提供行政服务，开展相关进出口业务代理工作。

为中国商飞公司提供基础支持和服务保障。建设统一通信系统和标准化管理平台，完善三维设计建模规范体系；确立并积极推进精益改进试点项目；开展民机科技知识及发展情况展示。

（上海航空工业（集团）有限公司）

空中客车（天津）总装有限公司

一、企业基本情况

2006 年 6 月 8 日，国家发改委和空客公司共同宣布，中国政府批准空中客车单通道系列飞机总装线选址天津滨海新区，天津总装线成为空客公司在欧洲之外的目前唯一大型商用飞机总装线，总装机型为 A320 系列飞机。2007 年 7 月 28 日，中方联合体与空客公司签署《空客天津总装线项目合资经营合同》。空客天津总装有限公司，空客与中方联合体股比构成分别为 51% 和 49%，其中中方联合体由天津保税区、中国航空工业第一集团公司、中国航空工业第二集团公司（现合并为中国航空工业集团公司）构成，并分别占 60%、20%、20%。2008 年 9 月 28 日，空客天津总装线正式投产。2009 年 6 月 23 日，第一架飞机交付四川航空公司。

二、生产运营情况

（一）完成生产交付计划

到 2013 年下半年已实现月产 4 架的生产速率，达到项目一期的计划成熟产能，飞机质量完全达到欧洲标准。截至 2013 年 12 月底，已累计向境内外 14 家航空公司交付飞机 153 架。

（二）合资公司获得盈利

2013 年已实现项目累计盈利，比原可行性研究报告计划提前一年实现盈利目标。

（三）培养了技术管理人才

目前，合资公司共有员工 420 人，外籍人员已从高峰期的 125 人降至 14 人，90% 的中层技术管理岗位已由中国员工担任，其技术、管理能力完全满足生产运营要求，加快了项目本土化管理进程。

三、国际经济技术合作

空客天津总装线是中欧战略合作的重大项目，也是中央推进天津滨海新区开发开放的重大举措。在天津市委、市政府直接领导下，在国家发改委、中国民航局等有关部委的指导下，经过合资双方紧密合作，空客天津总装线运行总体顺利。

2013 年，空客天津总装线独立运行能力进一步增强，在质量检测、试飞、交付等关键环节进步明显，除部分管理岗位及极少数技术岗位，绝大多数管理岗位及核心技术岗位均由中方员工替代，一线技术工人已全部由中方员工构成。

（空中客车（天津）总装有限公司）

通用电气航空（苏州）有限公司

一、企业基本情况

通用电气航空（苏州）有限公司（简称通用电气航空苏州）是由通用电气投资的全资子公司。2007 年 1 月 8 日通用电气集团在苏州工业园区投资设立了通用电气航空苏州，投资总额 6000 多万美元，注册资本 2200 万美元，主要从事生产、组装、测试各类航空用零部件、组装部件、系统等产品以及售后服务。

二、生产经营情况

通用电气航空（苏州）自 2007 年初正式投产以来，业务量不断提升，生产产品的种类，产品的附加价值，产品的复杂性，生产工艺的难度和广度，产品生产所涉及的物料品种的计划性和复杂性也有大幅度的提高。目前，公司拥有最先进的飞机零部件机械加工技术。

2013 年，公司实现销售收入 61080 万元，比 2012 年同期增长 10%，利润从 2013 年开始扭亏为盈，利润总额达到 2248 万元。由于市场需求不断增加以及产品不断引入，公司处于稳步发展的阶段。

三、主要产品

公司主要产品为民用航空发动机引擎部件（如 4138T07P04）等；还有空客 A380/A320 和波音 787 的起落架部件、齿轮箱、液压部件和复合材料、连接件等。

四、产品开发与技术进步

目前，通用电气航空（苏州）没有单独的专利。重视技术进步和产品的质量，引进六西格玛、精益生产等管理工具和质量管理体系，每年进行项目改进，以不断提高产品质量和提升工作效率。

五、重大设施建设

2013 年，通用电气航空（苏州）固定资产投入人民币 617 万元，均用于购置生产设备。

（通用电气航空（苏州）有限公司）

新宇航空制造（苏州）有限公司

一、企业基本情况

新宇航空制造（苏州）有限公司（SAM (Suzhou)）是新加坡宇航制造集团（SAM）的全资子公司。新加坡宇航制造集团成立于1981年，通过在新加坡、中国、马来西亚、泰国和德国的工厂向世界上主要的航空企业供应各类航空机械制造产品。新宇航空制造（苏州）有限公司前身是1995年成立于苏州工业园区的新达精密机械（苏州）有限公司。2002年12月，SAM增加在苏州的投资，在苏州园区出口加工区注册成立新宇航空制造（苏州）有限公司，注册资本为1200万美元，总投资额超过3600万美元。公司占地面积24000米^2，厂房面积13500米^2，现有员工340余人。在设备装备方面，SAM（Suzhou）拥有两条集排产、编程、加工和检验于一身的数控柔性制造系统；在加工工艺方面，具备多种无损探伤检测能力和特殊工艺处理技术；在制造方面，对如镍合金、钛合金、铝合金以及高强度的不锈钢等硬质高温合金材料进行精密加工。核心产品是飞机发动机叶片、发动机部件、发动机连接件和其他机械零部件。SAM（Suzhou）已经积累相关的专业技术，能够满足客户的严格要求，提供一站式服务。

二、生产经营情况

公司位于苏州园区出口加工区A区，除个别原材料在国内经客户认证的供应商处采购外，其余的原材料均采购自国外，所有的产品都销往欧美。2013年销售收入为3.68亿元，比2012年同期增长14%，利润比2012年同期增长32%。公司正处于稳步发展的阶段。

三、主要产品

公司的主要产品可分为两大类：一类是飞机发动机叶片及叶片隔框，有铝合金和镍合金叶片，用于普·惠PW4000型发动机及通用电气CF34-8C/E型发动机。另一类是飞机发动机吊架类机械产品，其主要材质是钛合金和镍合金，成熟吊架产品应用于空中客车A320/A330/A340，波音747/波音777/波音787，庞巴迪（Bombardier）“挑战者”300（Challenger 300），“环球特快”5000（Global 5000），“环球快车”XRS（Global Express XRS）等机型。

四、产品开发与技术进步

公司近几年来按照顾客对产品的要求生产、检验、装配成套飞机发动机的吊架和吊架主要部件，对产品的制造工艺拥有知识产权。在明确顾客对产品要求的基础上，通过运用自身技术力量，研发出产品的生产流程和各个流程的制造工艺，结合公司先进制造技术，独特的检验方法，确保制造出来的飞机发动机吊架顺利通过顾客的各种首件检验要求，实现顾客对产品的设计要求。

公司工艺部还积极参与罗·罗公司A350XWB吊架和空客A320NEO吊架产品的并行研发，从产品的工艺性和经济性方面提出了大量改进意见，为缩短产品研发周期和降低产品成本做出贡献。

五、重大设施建设

2013年公司固定资产投入1151万元，其中827万元用于购买数台卧式数控机床，以组成一条新的柔性制造系统，扩大产能，满足客户需求。

（新宇航空制造（苏州）有限公司）

厦门太古飞机工程有限公司

一、企业基本情况

厦门太古飞机工程有限公司（简称厦门太古飞机）成立于 1993 年 7 月。目前拥有超过 5000 名员工。主要股东包括香港飞机工程有限公司、厦门航空工业公司、香港国泰航空公司、日本航空公司、波音商用飞机集团等。

厦门太古飞机拥有一系列飞机零部件维修企业：厦门霍尼韦尔太古宇航有限公司、厦门豪富太古宇航有限公司、厦门太古起落架维修服务有限公司、厦门太古发动机服务有限公司、晋江太古势必锐复合材料有限公司和晋江邓禄普太古飞机轮胎有限公司。同时厦门太古飞机还在济南和成都两地建立了专精于窄体飞机维修及改造的合资企业：山东太古飞机工程有限公司和四川太古飞机工程服务有限公司。

厦门太古飞机拥有可同时容纳 1000 名学员进行技术培训的中国最大的飞机工程技术培训中心，已先后取得中国、香港、欧共体民航局的培训及考试中心资质，同时面向中国及亚洲地区的维修机构和航空公司，开设一系列根据客户自身要求量身定做的课程。

厦门太古飞机和香港飞机工程有限公司均为太古集团下属企业。

二、生产经营情况

2013 年，全年实现销售收入 14.6 亿元，净利润 1.29 亿元。

三、主要产品

（一）航空维修

厦门太古飞机拥有六座双宽体机位机库，大修及改装能力涵盖波音 737/波音 747/波音 757/波音 767/波音 777，空客 A320 系列/A330/A340 及麦道 MD－11 机型。拥有最高级别（D 检）的大型检修/飞机结构改装/客舱内部翻新及改装/航电系统升级/褪漆及喷漆/客机改货机能力。

目前厦门太古飞机已完成超过 1900 架次飞机的基地维修工作，其中包括约 900 架波音 747 飞机。2013 年，完成 3.68 万工时，同比增长 7.6%；完成波音 737/波音 757 各 1 架客机改装货机工程。

厦门太古飞机目前分别在厦门、上海、北京、天津和重庆五地为 60 多家海内外的航空公司提供航线维修服务，也是中国第一家为 A380 飞机提供航线维修服务的维修机构。

（二）航空零部件制造

厦门太古飞机同时发展了零部件制造的能力，其中包括机加部件、钣金部件、捆装电线、波音 747－400BCF 客改货复式地板梁制造。

（三）飞机客舱整装

厦门太古飞机在厦门建立了亚洲首个获得波音和空客批准的公务机及私人飞机客舱整装中心。

（厦门太古飞机工程有限公司）

威海广泰空港设备股份有限公司

一、企业基本情况

威海广泰空港设备股份有限公司（简称威海广泰）由李光太先生创办于1991年，位于威海市，是从事空港地面设备及专用装备研发与制造的专业公司。经过20余年的发展，公司现已形成空港地面设备、消防装备、特种车辆和电力电子四大经营板块，另开展进出口、融资租赁等业务，公司产业格局已初步形成。

空港地面设备是威海广泰四大板块的母板块，是威海广泰规模最大、成熟度最高、实力最强的产业板块。产品达27个系列140余种型号，覆盖机场的机务、地面服务、飞机货运、场道维护、油料加注和客舱服务六大作业单元，能为一架飞机配齐所有地面设备，部分主导产品国内市场占有率达40%～60%，是全球空港地面设备品种最全的供应商。公司产品遍布中国各大航空公司、机场、飞机制造公司和试飞院，出口到亚洲、欧洲、非洲、南美洲和大洋洲的40多个国家和地区。目前该板块产品向国际化（增强国际竞争力）、电动化（打造绿色空港）、小型化（瞄准通用航空市场）三个方向发展。

消防装备板块以北京中卓时代消防装备科技有限公司为依托，是未来拉动威海广泰飞跃发展的朝阳板块。北京中卓时代是威海广泰2010年成功收购的全资子公司，该公司参与编制多项国家消防标准规范，目前产品共分为14个系列40多个品种。该板块正在向举高平台类、云梯类、抢险救援类等高端消防装备领域拓展。

威海广泰占地57万米^2，下属控股子公司及合营公司有：北京中卓时代消防装备科技有限公司、威海广泰空港电源设备有限公司、威海广泰特种车辆有限公司、威海广泰科技开发有限公司、威海广泰房地产开发有限公司、广泰空港设备香港有限公司、广泰空港国际融资租赁有限公司及深圳广泰空港设备维修有限公司等。

二、生产经营情况

至2013年底，威海广泰注册资本3.1亿元，总资产20.9亿元，2013年销售收入8.8亿元，净利润9308万元。

在国内市场方面，威海广泰2013年共签订合同5.14亿元，同比增长29.1%（不含消防车）。抓住新建机场和大型机场扩建项目的机遇，与10个支线新建机场、5个扩建支线机场及4个省级以上扩建项目签订的合同占总额的31.3%；推进国航、东航等薄弱市场拓展，与广州机场、深圳机场和国航三大重点客户签订合同取得突破；努力提升高附加值产品的市场占有率，全力稳定低附加值产品的投标中标率，其中有杆牵引车、摆渡车、气源车、加油车、除雪车、除冰车和平台车七种产品中标额占合同总额的66%；静变电源、气源车、污水车、有杆牵引车和清水车五类产品中标率在60%以上。

在国际市场方面，威海广泰实现合同额2192万美元，同比增长35.9%。2013年根据国际民航市场的发展情况，将战略重点转移到东南亚和南美新兴国家，稳定老客户、开发新市场，在中亚、东南亚等重点市场签订合同约占合同总额的85%，在南美新兴国家奠定良好的市场基础，同时将加油车、消防车等产品纳入到海外销售目录。在国际合作方面，引进加拿大冷吹车项目，有望在2014年产生新的利润增长点。

在消防市场方面：2013年，中卓时代实现销售收入2.75亿元，比2012年同期2.37亿元增长16.03%；实现净利润2879万元，比2012年同期1906万元增长51.05%。在消防车市场拿到订单 50966 万元，同比增长 59.3%，闯进国内消防车行业第一梯队。2013 年中卓时代将全国市场按区域和行业划分为 8 大销售板块，明确各销售经理的职责权限及负责区域，大区模式基本成型。目前已形成北京、天津、福建等 5 个优良市场和山东、甘肃、河南等 5 个重点市场，并新拓展了安徽、海南等市场。

三、主要产品

威海广泰的主要产品有：电动传送车、飞机牵引车、机场摆渡车、集装箱集装板装载机、气源车、加油车、除雪车、除冰车、医疗体检车和登高平台消防车等，覆盖机场的机务、地面服务、飞机货运、场道维护、油料加注和客舱服务等领域。

四、产品开发与技术进步

威海广泰加快研发高端空港地面装备和高端消防车。公司继续结合低碳经济、节能减排大方向，加强空港地面设备电动化开发，取得较大进展。公司成功地组织了“民航节能减排政策、标准和技术研讨会”，会议贯彻低碳环保的理念，积极推动绿色空港的建设。产品研发打破机场地面设备的局限，向医疗车、通信指挥车、警用车、军用改装车等多个领域延伸，公司本部全年完成 37 项新产品和 32 项改型产品研发，中卓时代全年进行 12 项新产品研发，6 项产品成功亮相北京消防装备展，完成的主要新产品为：GJS70D 电动传送车、GT22D 电动牵引车、GDB08D 电动摆渡车、GJT7S 双动力集装箱集装板装载机、GJM110 加油模块、ZXF5320JXFDG32 登高平台消防车、WGT5100XYL 医疗体检车、GJB50GB 光伏逆变器及系列化光伏逆变器等。

截至 2013 年，威海广泰申报专利 30 项（其中，发明专利 6 项、实用新型专利 23 项、外观专利 1 项），新获专利证书 21 个（其中，发明专利 3 项、实用新型专利 14 项、外观专利 4 项）；气源车、撒布车国标已通过评审，编制和修订企标 14 项，备案企标 5 项。中卓时代全年共申报专利 12 项（其中，发明专利 2 项、实用新型专利 9 项和外观专利 1 项），已经取得 1 项实用新型专利，其他 11 项专利申请正在受理。

（威海广泰空港设备股份有限公司）

山东太古飞机工程有限公司

一、企业基本情况

山东太古飞机工程有限公司（简称山东太古或 STAECO）位于山东济南遥墙国际机场内，于 1999 年 3 月 27 日正式投入运营，主要开展面向全球的中小型飞机定检、维修及工程技术服务，现已发展成为国内乃至亚太地区领先的窄体机和支线飞机专业工程技术服务商。山东太古的成立，填补了山东省民航维修产业的空白。

山东太古的股东包括山东航空集团有限公司、香港飞机工程有限公司、厦门太古飞机工程有限公司和香港中凯航空工程顾问服务有限公司。在股东的支持下，经过 15 年的发展，公司目前的业务范围已涵盖飞机机体改装、定检、航线服务、航空零部件制造、部件翻修、工程管理、航空培训、技术咨询与评估、计量检测和航空地面设备制造等，可以为客户提供“一站式”飞机工程服务方案。公司现已持有包括 CAAC、FAA、EASA、日本民用航空局（JCAB）、韩国国土海洋部（MLTM）、澳大利亚民航局（CASA）等全球 10 余个国家和地区民航维修许可，可为世界范围内的客户提供服务。

山东太古拥有专业完善的飞机工程资源平台，现拥有员工约 1500 人，工程技术人员占 70% 以上，建有 5 座现代化机库、10 个飞机定检机位，并配有完备的辅助车间、器材仓库、NDT、工装设备、停机坪站、发动机试车位等配套设施，建成民航工程技术研发中心和航空培训中心，总建筑面积 7 万米^2。目前，山东太古为波音 737 系列机型全球最大的工程技术方案提供商，维修服务工程方案申请数量及通过率均位居全球第一，是美国 PEMCO 公司亚太地区首家客改货工程服务中心（PTF），与美国 PEMCO 公司合作开展亚太地区老龄飞机货机延寿改装与机队售后服务和改装器材寄售中心；为加拿大庞巴迪公司的商用机和公务机的双重 ASF 中心，面向亚太区域的庞巴迪机队提供支持服务；为巴西航空工业公司（Embraer）的亚太地区的授权服务中心。

二、生产经营情况

2013 年，全年累计为国内外航空公司提供 450 余架飞机的定检与改装服务，完成近 200 万工时。“调市场、调结构”的经营策略取得进展，市场和产品结构更趋合理，逐步形成了以国际市场领先、国内市场补充的市场结构，机型产品与配套服务不断升级，新机型、新市场能力建设取得突破性进展，市场范围不断扩大。

2013 年公司通过多种研发立项吸引高技术人才，通过工程技术研发提升产品的综合竞争力，全年新产品、新技术收入占到了总收入的 30% 以上，并创造了大量的就业机会。

三、主要产品

（一）机体定检

波音 737 系列和空客 A320 系列干线客机、庞巴迪 CRJ 系列和巴西 ERJ 系列支线飞机等机体定检。以及庞巴迪 CL 系列、“环球快车”系列、“湾流”系列、巴航系列等主流公务机系列工程。

（二）机体改装

集改装方案设计、技术攻关、实体改装及售后支援服务等一体化的综合服务商，并与波音、PEMCO、LLC 等建立了长期技术合作，是港机工程波音 737 系列飞机重要客改货基地，山东太古的波音 737 客改货占据亚太地区 90% 以上的市场份额。

（三）零部件翻修、加工

拥有全部认证机型（波音 737 系列、A320

系列、支线系列和公务机系列）的零部件翻修、加工能力，已经能够为客改货业务提供配套航材改装包，形成以公务机的机械类部件（液压件、气动件、瓶体、救生应急设备等）为主的技术领先能力，填补国内公务机新机型配套部件能力的空白。

（四）航空培训服务

具有涵盖波音 737 系列、A320 系列及公务机等培训能力，包括 CCAR－66 维修人员执照培训与考试、机型机务改装培训与复训、CCAR－147 基本操作技能培训、岗前技能养成、民航行业法规以及民航维修英语等通用课程。

（五）工程服务

建立起机队托管工程技术服务信息系统，为众多的中小型公务机公司提供全程工程技术支持服务，获得 CAAC 的改装设计委任单位代表（DMDOR）资格，能够独立实施工程咨询和工程设计，比如重要改装设计批准书（MDA）和补充型号合格证（STC）等，拓宽延伸工程服务产业链。

四、产品开发与技术进步

资质能力显著提升。CAAC 许可证增加 CRJ900 机型、ERJ190 机型、Global Express 型维修能力、G550 机型维修能力、CL605 机型升级到 48 月检能力；同时获得 CAAC 的零部件制造人批准书（PMA）资格，具备了为民用飞机加工制造零部件的资格。日本 JCAB 许可证新增 A320 机型，并开始为日本市场提供 A320 系列机型的定检服务，质量水平稳定。FAA 许可增加了发动机维修能力，获得 GE 公司 CF34 发动机国内首家授权服务站（ASC）资格。

公务机工程能力获得新的突破。2013 年，完成全球第二架国内首架 CL605 机型高检，首次在国内完成 FAA 体系下的公务机定检业务，公务机工程技术能力领跑国内。除在济南建立起涵盖飞机大修、航线维护、客舱改装、工程管理、航材保障、机型培训、跟机放行、AOG 抢修、机型改装培训等业务体系外，首次在北京与首都公务机公司 CJET 签署长期战略合作协议，于 2013 年 10 月成立了北京山太公务机维修技术有限公司，专门为在首都机场起降的公务机提供航线维护业务。

航空培训品牌扩大提升。公司培训中心建立了以机型理论课程、机型实作课程、管理课程、素质养成课程等为核心的品牌课程；而且为航空公司提供全程的订单式培训，以满足航空公司对机务人才的需求。为推动高技术教育，公司与南京航空航天大学签署校企合作协议，建立了研究生的实习基地，山东太古的品牌影响力不断增强。

研发和技术进步。2013 年度，技术中心共 69 个项目立项，结项 65 项，获得 15 项国家专利，山东太古技术中心完成山东省级企业技术中心认证。2013 年，与美国艾罗德克（Aerotech）公司合作，在国内首次完成波音 737－300/400 飞机襟翼性能提升改装；与加拿大庞巴迪公司合作，全球首次在 OEM 外场完成两架 CRJ700 飞机增压地板改装工作。在 DMDOR 改装设计方面，完成多架次的失效后登机门改装、WIFI 改装、波音 737NG 高端经济舱改装设计以及 A319 公务机客舱布局和座椅改装的概念设计等项目。

五、重大设施建设

为满足培训教学需要，山东太古对一架退役的波音 737 机型飞机完成了飞机机翼等重点部位的无破坏性拆解，提供一架系统完备的整机作为教学实验平台，增强培训的实战演练能力，实现理论教学与整机实作教学的充分融合。

六、企业改革改制

完善安全文化体系建设。通过 SMS 平台建设，引导全员关注重点环节安全管理，逐步形成全面的安全文化体系，形成持续、稳定、长效的安全质量体系。

启动精益生产项目工程，在精致维修的基础上，重点关注：标准工时量化、生产流程优化、生产支持流程化、航材物料到位等，全面优化各环节，有效提高生产工作效率。

推进生产保障考核评价体系建立，围绕“共同作业、支持一线”进行全面设计，建立部门间团结协作、沟通交流的有效机制，围绕一线生产，改进部门 KPI 指标设置，建立“项目合作指标”考核、“生产保障支持共同效果”评价制度，促进各部门对一线生产提供有效的支持保障。

深化企业文化与品牌工程建设，推动品牌建设工程，通过总结多年的AOG服务经验，建立规范的AOG的服务手册，使AOG服务制度化、系统化，引领公司维修专业品牌工程的建设。

人力资源管理，建立人才培养与考核机制，重点关注后备管理人才队伍建设；建立全员全岗绩效考核平台，提高整体管理水平。

（山东太古飞机工程有限公司）

珠海保税区摩天宇航空发动机维修有限公司

一、企业基本情况

珠海保税区摩天宇航空发动机维修有限公司（简称珠海摩天宇），是中国南方航空公司与德国 MTU 航空发动机公司（MTU Aero Engines AG）各出资 50% 共同组建的中外合资企业。公司落户于珠海保税区，总投资 1.89 亿美元，合资期限为 30 年。自 2003 年 1 月正式营运以来，已先后获得 CAAC、EASA、FAA、JCAB 以及巴西、沙特阿拉伯、印度尼西亚、印度、越南、泰国、菲律宾、智利、卡塔尔和新加坡等国家的适航维修许可证。公司的客户遍布中国、亚洲以及欧美各国。投产 11 年间，公司业务量持续增长，第三方客户业务发展迅速，自 2005 年以来一直保持中国第一、亚洲领先的民用航空发动机维修企业的行业地位。

二、生产经营情况

2013 年，公司共修理 202 台发动机，产值 32.6 亿元，是 2013 年国内产值最大的航空维修企业。

三、主要产品

公司的主要产品包括 V2500 - A5 和 CFM56 - 3、CFM56 - 5B、CFM56 - 7B 四个型号发动机的维护、修理和翻修。除了发动机的修理和翻修外，珠海摩天宇还向客户提供多种附加服务，如备用发动机租赁、现场及在翼维修、发动机动态监测、航线可更换件支持（LRU）和 24 小时 AOG。公司提供的服务包括：V2500 和 CFM56 系列发动机的改装、升级、修理和大修；向原 OEM 保修索赔（新发动机保修期内）；发动机零部件修理；现场技术支持；工程技术支持；24 小时/365 天 AOG；备用发动机租赁；AOG 备件服务；量身定制的维修方案；发动机在翼服务；EGT 裕度、固定价格担保；固定价格/发动机飞行小时包修。

四、产品开发与技术进步

珠海摩天宇于 2001 年 4 月 6 日取得营业执照，同年 5 月工程正式动工并于 2002 年 11 月主体工程竣工；2003 年，第一台 V2500 及第一台 CFM56 - 3 发动机相继进厂维修，标志着工厂正式投产营运。2006 年，第一台 CFM56 - 5B 及第一台 CFM56 - 7B 的进厂维修，使公司具备维修 CFM 全系列发动机的能力。2008 年中，公司第 500 台发动机进厂。2012 年 11 月完成厂房二期扩建工程项目，目前产能达到年维修 300 台发动机。

五、国际经济技术合作

最近几年，公司不断深化全球化市场布局和资源整合，关注中东、美洲、东亚和东南亚等市场的扩张机会，力推企业战略和战术层面的工作协同，从“组织、资源、效率”入手，推进公司组织架构、产品、生产流程的优化，提升了公司的业务管理和资源运营效率；稳步推进发动机的租赁业务，开展发动机小时保修的服务新模式，加大科技创新和投入，进一步推进公司国际化进程。

为突破发动机维修的技术壁垒，提高珠海摩天宇的维修能力，珠海摩天宇与 MTU 集团旗下的 6 家企业在资源、能力、技术、管理、营销、服务、人力资源等方面开展广泛的合作，通过与 MTU 各维修基地之间进行全面的技术交流和技术项目转让，珠海摩天宇在零部件清洗、高压水剥离、无损探伤检测、表面处理、焊接、机加工、等离子喷涂、热处理、电镀、涂层剥离和高速磨削等方面具备了行业内最高标准的技术能力，能够为客户提供 MTU 全球标准的维修质量和创新服务。

MTU 各维修厂之间广泛的经验和技术交流使珠海摩天宇的修理技术得到不断完善，各维修厂也互相取长补短。由此，客户不但能受益于 MTU 掌握的发动机原厂商专业知识，而且能享受到 MTU 提供的客户至上的优质服务。

六、重大设施建设

珠海摩天宇的试车台是当今世界上最大、最先进的试车台之一。试车台长 100 米、中部宽高均为 13 米、进气道和排气道高 30 米，适用于推力在 15 万磅[①] 范围内所有类型商务航空发动机的测试，测试能力可达每年 500 台。

（珠海保税区摩天宇航空发动机维修有限公司）

① 1 磅 =0. 4536 千克。

广州飞机维修工程有限公司

一、企业基本情况

广州飞机维修工程有限公司（GAMECO）是目前国内排名前列的大型综合性民航维修企业，公司成立于1989年10月28日，总部位于广州白云国际机场，注册资本6500万美元，是由中国南方航空股份有限公司、和记黄埔飞机维修投资（香港）有限公司以及南华国际飞机工程（香港）有限公司共同合资经营，其中中国南方航空股份有限公司持有50%的股份，南华国际飞机工程有限公司、香港和记黄埔飞机维修投资有限公司各持25%的股份。公司现有员工人数4461人，其中大专学历以上员工约占77%。

GAMECO拥有CAAC、FAA、EASA等20个国家和地区适航当局批准的民用航空器维修许可证，具备飞机大修及改装、航线维修、附件维修、工程技术服务、航材管理服务和培训服务等全面的维修服务能力。

公司在广州的维修设施主要分成三个部分：①位于广州市区（旧机场）2万多米^{2}的附件维修中心；②位于广州白云国际机场候机楼约2千米^{2}的航线维修设施；③位于广州白云国际机场北区约16.2万米^{2}的公司总部设施，包括两座飞机大修机库及相关设施。除广州总部以外，GAMECO目前还在上海、重庆等地设有航线维修站点。

公司已完成一期和二期飞机维修机库工程项目。一期飞机维修机库为中国跨度最大的桁架结构机库，机库总跨度350米，总建筑面积9.6万米^2，可同时容纳四架宽体飞机（两架波音747和两架空中客车A380）或12架窄体飞机（波音737、波音757和空中客车A320）在内维修。同时拥有一个独立的全天候（可调节温度和湿度）喷漆机库，可容纳一架A380或波音747飞机。此外，还包括约4千米^{2}拥有先进环境控制系统的航材仓库。

二期机库工程项目已投入使用。

GAMECO服务的客户包括中国南方航空、中国邮政航空、四川航空、顺丰航空、美国联邦快递公司（FedEx）、新加坡航空、韩亚航空、港龙航空等100多家国内和国际客户。

二、生产经营情况

2013年，GAMECO积极推进“扩大维修规模、拓展维修深度、打造维修品牌”的发展战略，以全面服务南航为宗旨，同时兼顾第三方业务拓展，通过提高企业管理水平、持续改进工作方式方法，在安全与质量、生产保障、能力建设、科技创新、班组建设及管理提升、队伍建设等各个方面均取得了骄人成绩，圆满完成了公司董事会的各项任务，连续两年荣获“中国最佳MRO”称号。

2013年GAMECO为南航142架飞机提供基地保障服务，全年GAMECO完成C检约190架次，完成航线维护超过10万架次，附件修理3万多件次，全公司维修工时约248万工时。

2013年，GAMECO总业务收入约19亿元，同比增长8%。

三、主要产品

GAMECO的主要业务是为中外航空公司提供高质量、快捷及经济的飞机维修服务，经营范围包括：航线和周期性维护及特种检查；结构修理及零件翻修；APU及发动机热部件、冷部件检修以及单元体更换和检修；适航及服务改装；飞机损伤修理；飞机翻新、喷漆、内部装修；提供特种车辆服务和维修，地面设备修理、制造及零备件加工；外来加工，外来咨询，外来培训及其他技术工程；航空器材进出口销售（涉及许可证管理和专项规定的按有关规定经营）；航空器材仓储、工具设备租赁及自制专用工具设备销售；

飞机维修业务所涵盖的机型包括：波音737、波音747、波音757、波音767、波音777，空客A300、A310、A319、A320、A321、A330、A380，EMB145和ERJ190等机型。

GAMECO附件维修能力还覆盖液压、气动、燃油、飞行操纵、机载应急设备、起落架、机轮/刹车、无线电、机载计算机、仪表、娱乐系统、发电机、电气附件等几乎全部附件种类，拥有国内最完备的飞机附件维修能力。

四、产品开发与技术进步

2013年科技创新项目共立项36项，完成21项。批准立项的项目涉及飞机机身、发动机、客舱和飞机附件的维修、飞机维护软件的开发、地面保障设备等领域。其中，三个科技创新项目被广东省科学技术厅认定为广东省高新技术产品，分别是："空客A319/A320飞机起落架大修平台"、"飞机臭氧转换器维修服务平台"和"A380头等舱座椅侧板"。

公司知识产权的质量和水平明显提高，专利申请部门包括附件业务中心、大修、工程、厂房设施等部门，涉及飞机附件、飞机结构等领域。截至2013年11月，公司专利申请数量达56件，包括：发明专利申请数量16项，其中获得授权4项；实用新型专利申请数量37项，获得授权30项；外观专利申请数量3项，获得授权3项。

2013年公司完成PMA件制造批准达3500项。

维修能力建设。GAMECO成功为南方航空公司A380飞机进行大翼改装；GAMECO成为国内首家"一证多地"批准商（上海浦东维修站），顺利承接南航A320飞机起落架大修业务；完成南航波音777飞机客舱升级项目；新增集体能力21项，附件能力62项。

五、重大设施建设

公司位于白云国际机场的二期机库于2013年11月落成，该项目投资约5亿元。包括维修机库、附楼、停机坪等，建筑面积6.6万米^2，可以同时为8架窄体飞机开展B检、C检、D检定检及其他维修工作。

（广州飞机维修工程有限公司）

深圳中集天达空港设备有限公司

一、企业基本情况

深圳中集天达空港设备有限公司（简称中集天达）成立于 1992 年，隶属于中国国际海运集装箱（集团）股份有限公司，是一家专门从事空港设备和现代物流设备开发、设计、制造、咨询及维修的专业化公司。主要产品有全系列旅客登机桥、港口旅客登船桥、机场航空货物处理系统、行李处理系统、飞机泊位引导系统、站坪特种车辆（摆渡车、食品车、升降平台车和军用货物装卸运输平台等）、自动化仓储物流系统、自动化立体停车系统等。

截至目前，中集天达已为全球 50 多个国家的 160 多个机场提供了 3000 多台品质优良的登机桥产品，登机桥国内市场占有率达 90% 以上，并成为中国第一个出口大型空港设备的厂家，在世界行业排名综合实力第一，全球市场份额近 40%，成为全球行业内极具影响力的品牌。

公司现有员工逾 1000 人，其中 35% 以上为研发及技术工程人员，其中硕士学位的占 25%，本科以上学历占 94%，聚集了一批行业内的优秀人才。目前公司已申请的各项专利有 255 项，获得授权的有 163 项，范围包括旅客登机桥、航空货物处理系统、航空食品车、物流设备、停车库等领域，在世界同行业遥遥领先。

二、生产经营情况

2013 年，包括登机桥在内的机场设备业务在全球航空业由市场需求呈现稳中有升的趋势。2013 年中集天达的登机桥产品在国内市场中仍占据绝对优势地位。在海外市场，面对德国、美国企业等主要竞争者，仍然取得大量订单。机场行李系统、民用物流货库、立体停车库及登船桥方面也获得较多国内订单。机场摆渡车方面，2013 年初已完成双向驾驶机场摆渡车的研发，并销售到澳大利亚。在立体停车库业务方面，与各级政府合作开发停车库，从车库生产、售后服务，延伸至车库的运营、投资，“车库地产”取得良好进展。

近年来，中集天达充分抓住市场机遇，先后承接深圳宝安机场登机桥及网络监控系统、北京首都机场登机桥、上海浦东机场登机桥、广州白云新机场登机桥和货库、南航货库、上海浦东货库等大型机场设备项目，而且又在法国、荷兰、西班牙、澳大利亚、加拿大、危地马拉、马来西亚、印度、厄瓜多尔、摩洛哥等国家及地区的一些登机桥和航空货物处理设备的项目上中标；在机场外，中集天达还为北京、深圳等若干城市提供几十套机械式停车设备系统，扩大了公司的生产经营规模，生产经营利润逐步增长，并且向国家缴纳了较高的各项税金。近 3 年公司销售收入和利润保持 30% 以上的复合增长率。

三、主要产品

（一）旅客登机桥

产品系列包括：旋转伸缩式登机桥、柱座式登机桥、可服务支线飞机的小型飞机登机桥、可服务 A380 二层 U1 舱门的高升程登机桥。

中集天达是全球唯一能同时生产液压、机电、液压机电混合三种驱动方式登机桥的制造商，其生产的旅客登机桥不仅可满足各类机型的要求，而且可适应不同地区的气候条件，通道侧壁有钢板（波纹板和平板）和玻璃等多种形式。

（二）航空货物处理系统

公司从美国 TRANSACT 公司引进全套系统和单机技术，通过不断地研发应用，站在行业技术发展的前端，不仅能够为用户提供周详合理的系统设计及系统集成，而且能够自行生产并安装所有设备。2003 年，中集天达总包承建了广州新白云机场年处理能力 80 万吨的航空货运站全套货物处理系统，系统规模居世界前三。

（三）自动化停车系统

自 1995 年开始，中集天达从事自动化停车系统的研制和安装。迄今为止，已成功研发升降横移类、巷道堆垛类和垂直升降类等品种齐全的停车系统。其中巷道堆垛类停车系统，拥有多项专利技术和完全自主产权。

（四）飞机泊位引导系统

飞机停靠自动引导系统，是一种全天候的线圈感应式飞机停靠自动引导装置。它能为各种机型的飞机提供方位和停靠位置的引导，以便停靠飞机能与登机桥和地下油管正确对接。

（五）航空特种车辆

中集天达生产的 TC30 型航空食品车功能齐备、外形美观、制作精良，可服务 C－E 类全系列飞机。TC30 型航空食品车具有行驶、车厢升降、接机平台前伸和侧移及应急操作等功能，并可配置空调实现食品冷藏，由底盘配套的蓄电池向整车全部电力元件提供电力。

（六）自动化仓储物流系统

中集天达可根据客户的发展需要提供量身订做的解决方案，大量应用最先进的现代物流设备，包括高架自动仓库、平库、输送线、RF 拣选、DPS 电子标签拣选、自动拣选、WMS 仓库管理系统、拆盘机、无人小车和机器人等，行业应用领域包括工厂自动库、药品行业、烟草行业、食品行业和商业等。

（七）行李自动处理系统

行李自动处理系统结合国内外最新技术，自主研发而成。系统包含值机/汇集/输送/识别/分拣/暂存和提取等设备，通过对机电/控制/编码与识别/网络与信息等系统集成，满足机场行李的出港/到港以及中转暂存等全套工艺要求。

四、产品开发与技术进步

中集天达是国家火炬计划重点高新技术企业，公司具有丰富的开发经验和较强的技术创新能力，研发中心是深圳市级技术中心。已获得授权和在申请的各项专利 255 项，发明专利申请 168 项，目前已获得授权专利 158 项，在世界同行业中遥遥领先。2010 年被评为深圳市知识产权优势企业、博士后创新基地、广东省自主创新 100 强企业，2012 年被评广东省知识产权优势企业。

公司技术研发中心拥有世界上最先进的大型机场及港口研制设备，公司每年投入的研发费用的投入总额逐年增加，截止到 2013 年 12 月，研发费用的投入总额约 3812 万元。

（深圳中集天达空港设备有限公司）

广州航新航空科技股份有限公司

一、企业基本情况

广州航新航空科技股份有限公司（简称航新公司）创建于1994年，是一家专业提供军民用航空设备和技术服务的高新技术企业，致力于为客户提供优质航空产品和全方位满意服务。

航新公司旗下有广州、上海、哈尔滨、天津四家子公司，并设有省级企业技术中心、省级工程中心，主要业务涵盖机载设备研制、自动测试设备（ATE）研制及系统集成、航空维修支持、飞机加改装及军民一体化保障。

作为拥有包括CAAC、FAA、EASA等多项全球主要适航体系认证的飞机维护、维修或大修（MRO）企业，并作为波音公司在华首批授权维修服务商，航新公司具备涵盖波音、空客等40多种民机和各种通航飞机电子、机械部附件的维修能力。英国BAE系统公司、美国赛科国际公司、美国KIDDE航宇公司、美国通用航空电子公司等多家国际知名OEM授权航新公司为其维修中心，为中国及周边国家提供一站式服务。

凭借机载设备研制和维修的雄厚实力，航新公司为多家用户完成空中防撞计算机、近地警告计算机、应答机、甚高频电台、应急定位发射机、飞行参数记录系统等加改装任务。依托成熟的加改装团队和多年技术积累及完备的售后服务，航新公司被某部确定为“军民一体化装备维修保障”试点单位，先后参加2008年奥运安保工程和国庆60周年阅兵保障工程，被某部评为“一体化保障典范”和“技术支援保障优质单位”。

二、生产经营情况

2013年，航新公司实现营业总收入4.8亿元，净利润7354万元，上缴税费6322万元，资产负债率56%。公司生产经营正常运转，财务运行逐步稳健，经济效益日渐良好，对项目具有良好的财务支撑能力。

三、主要产品

目前，航新公司主导产品包括综合维修检测系统和飞行参数记录系统，其中，综合维修检测系统的市场占有率达30%，飞行参数记录系统的市场占有率达20%，全国排名领先。

（一）航空维修

多年来，航新公司与国内多家龙头军工企业建立战略合作伙伴关系，在ATE产品研制方面已成功开发上百套高性能的专用测试设备、综合测试设备、自动测试设备、原位检测设备、通用检测设备及测试程序集，在中国同行业中处于领先地位。同时，ATE产品广泛吸纳国际先进总线、虚拟仿真、嵌入式计算机、综合诊断和完好性设计等技术，在技术方面具备有很强的优势。

航新公司在军机、通航飞机维修领域有十多年的维修经验，拥有覆盖各种通航飞机电子、机械部附件的维修能力，并成为米－26直升机在国内唯一具备维修能力且符合CAAC适航要求的企业。

凭借机载设备研制和维修的雄厚实力，航新公司为多家用户完成了空中防撞计算机、近地警告计算机、应答机、甚高频电台、应急定位发射机、飞行参数记录系统等加改装任务，可为用户提供整套工程解决方案。

（二）机载设备和检测设备

航新公司是国内最优秀的机载设备研制商之一，通用型飞行参数记录系统总师单位。在飞行参数记录系统、飞行管理数据打印机、闭锁铰链控制盒和声频控制面板等机载设备方面具备很强的研发和生产优势。

作为国内生产规模最大、覆盖机型和产品种类最多的ATE研制基地，航新公司在ATE产品研制方面已成功开发了上百套高性能的专用测试设备、综合测试设备、自动测试设备、原位检测设备、通用检测设备及测试程序集。

四、产品开发与技术进步

航新公司成功回购法国航空公司股份之后，大力加强技术创新投入力度和强度。

（一）研究开发人员

航新公司拥有强大的技术研发团队，现有大专学历以上的研发人员近400人，其中60余人具有高级职称，120余人具有中级职称。公司技术研发团队还具备多项专业经验，例如，计算机类技术专业经验、电子电气工程类专业经验、测控相关技术专业经验、航空类技术专业经验。研发团队结构合理、知识全面、学术水平高，富于创造性和活力，是公司产品不断创新的有力技术保障。公司先后与华南理工大学、中山大学、北京航空航天大学、南京航空航天大学等高校单位合作，从重点航空院校的优秀毕业生中招录优秀的大学毕业生，并通过对各类专业工种实行可持续的人才培养计划。同时，为即时响应客户在相关项目方面的需求，公司还与中科院广州自动化所、国家航空研究院所等研究机构建立良好的沟通渠道，对市场和产品技术产生一定的主导和影响力。

（二）研发设备

航新公司具有雄厚的技术设备基础。多年来，航新公司一直从事航空部附件的维修、机载电子设备、自动检测设备的研制和产品的制造生产。公司自主研发多种国内先进的自动检测设备，还成功研制飞行数据打印机，声频控制板，飞行参数记录系统，高压电源组件，振动测量仪，声频记录器，娱乐系统液晶监视器等机载设备。先进的自动检测设备，及机载产品研制过程中累计的大量仪器设备，为本项目的研发提供了强有力的设备保障。

（三）研发经费投入

近三年，航新公司加大技术创新投入力度和强度，研发投入均占销售收入8.5%以上。

（四）承担项目

2011年，承担广东省科技厅战略性新兴产业核心技术攻关专项。

2013年，承担广州市发改委战略性新兴产业示范工程专项。

（五）研究成果

航新公司自2008年以来相继申请70多项知识产权，其中包括近20项专利，自动测试系统、自动测试软件、无线电罗盘测试软件、塔康精密测距机载设备测试软件、全自动数字开调测试软件、无线电高度表测试软件、模块化通用测试系统、无线电高度收发机测试软件等综合检测领域50多项软件著作权。

五、国际经济技术合作

航新公司与国际各大航空公司和飞机OEM厂商保持着紧密的合作。

六、重大设施建设

航新公司在广州市光宝路1号正式动工建设的“航新综合大楼”于2012年年底完工，公司所有项目及办公人员于2013年上半年搬入航新综合大楼。

（广州航新航空科技股份有限公司）

中国民用航空工业企业名单

单位名称	所属集团	登记注册类型	控股情况	主要民用航空产品
总计（140）				
北京（16）				
北京航空材料研究院	中航工业	国有	国有控股	复合材料制件飞机垂尾、壳体，橡胶胶料及制品，高温合金及铸件，密封材料，涂料，航空焊条
北京青云航空仪表有限公司	中航工业	国有独资公司	国有控股	航空仪表
北京航科发动机控制系统科技有限公司	中航工业	其他有限责任公司	国有控股	航空摇臂系列
中航复合材料有限责任公司	中航工业	其他有限责任公司	国有控股	树脂预浸料，蜂窝，树脂
北京民用飞机技术研究中心	中国商飞	国有	国有控股	民用飞机技术研究
海鹰航空通用装备有限责任公司	航天科工	国有	国有控股	无人机
北京百慕航材高科技股份有限公司		股份有限公司	国有控股	飞机刹车动盘
北京锐创信通科技股份有限公司		股份有限公司	私人控股	情报终端服务器，飞行信息服务系统，情报分析测试仪，电子飞行包，串口协议通信服务器，通信矩阵交换器
北京北摩高科摩擦材料有限责任公司		其他有限责任公司	私人控股	波音飞机刹车盘，空客系列飞机刹车盘，麦道飞机刹车盘，伊尔飞机刹车盘，运7、运8飞机刹车盘，图－154、里尔－30、安－24飞机刹车盘
北京金轮坤天特种机械有限公司		其他有限责任公司	国有控股	飞机牵引车
北京浩天翼航空技术有限公司		其他有限责任公司	私人控股	HW13型小型无人机，HW18型无人机，HW30型水上无人机
北京科源轻型飞机实业有限公司		其他有限责任公司	私人控股	AD200系列轻型飞机设计制造，航空电子通信设备机械设备制造，AD系列轻型飞机技术知识
铱格斯曼航空科技集团有限公司		私营有限责任公司	私人控股	隐身座舱玻璃，野外隐身防护装置（充气式）
北京安达维尔科技有限公司		私营有限责任公司	私人控股	测试设备研制，电子部附件维修
北京中航智科技有限公司		其他有限责任公司	私人控股	TD220无人直升机，TC无人直升机，TL自动激光驱鸟器
北京华安天诚科技有限公司		私营有限责任公司	私人控股	华安天诚数字化空域环境系统，华安天诚空域运行管理系统，华安天诚通用航空运行管理与服务保障软件系统
天津（7）				
天津航空机电有限公司	中航工业	国有独资公司	国有控股	断路器，继电器
天津华翼蓝天科技有限公司		私营有限责任公司	私人控股	飞行训练器，维护训练器，工程仿真设备

续表

单位名称	所属集团	登记注册类型	控股情况	主要民用航空产品
空中客车（天津）总装有限公司		中外合资经营	外商控股	空客 A320 引进总装生产线飞机
天津波音复合材料有限责任公司		中外合资经营	外商控股	航空复合材料次受力件，内装饰件
西飞国际航空制造（天津）有限公司		国有独资公司	国有控股	A320 飞机机翼的总装生产
PPG 航空材料（天津）总装有限公司		港澳台商独资	外商控股	航空涂料
古德里奇航空结构服务中国有限公司		外资企业		飞机发动机部件
河北（3）				
石家庄飞机工业有限责任公司	中航工业	国有独资公司	国有控股	运 5B 飞机，“小鹰”500 飞机，赛斯纳“凯旋”208B 飞机
惠阳航空螺旋桨有限责任公司	中航工业	其他有限责任公司	国有控股	直升机动部件
中国电子科技集团公司第五十四研究所	中国电科	国有	国有控股	北斗终端
山西（2）				
太原航空仪表有限公司	中航工业	国有独资公司	国有控股	民用飞机零部件
太原太航科技有限公司	中航工业	国有	国有控股	气压仪，动静压监测仪，数字压力计，大气传感器，压力校验仪
辽宁（3）				
沈阳黎明航空发动机（集团）有限责任公司	中航工业	其他有限责任公司	国有控股	航空零部件转包生产
沈阳飞机工业（集团）有限公司	中航工业	其他有限责任公司	国有控股	C919 后机身、垂尾，ARJ21－700 吊挂、尾段等，Q400 机身等转包生产
沈飞民用飞机有限责任公司	中航工业	其他有限责任公司	国有控股	ECD 应急舱门，波音 787 垂尾前缘，Q400 机身段，ARJ21－700 大部件，C919 大部件
吉林（1）				
吉林航空维修有限责任公司	中航工业	国有独资公司	国有控股	飞机零备件制造及修理
黑龙江（2）				
哈尔滨东安发动机（集团）有限公司	中航工业	国有独资公司	国有控股	直升机传动系统，发动机修理
哈尔滨飞机工业集团有限责任公司	中航工业	其他有限责任公司	国有控股	AC312 直升机，运 12 飞机
上海（8）				
上海航空测控技术研究所	中航工业	国有	国有控股	C919 飞机机载娱乐系统，C919 飞机客舱核心系统，C919 飞机信息系统，ARJ21－700 驾驶舱门监视系统
中国航空无线电电子研究所	中航工业	国有独资公司	国有控股	航空电子系统总体与航电核心分系统研发
中航商用飞机有限公司	中国商飞	国有独资公司	国有控股	ARJ21－700
上海飞机制造有限公司	中国商飞	国有独资公司	国有控股	飞机制造，航空零部件转包生产
上海飞机客户服务有限公司	中国商飞	国有独资公司	国有控股	民用飞机客户服务相关业务
中国商飞上海飞机设计研究院	中国商飞	国有	国有控股	ARJ21－700 飞机和 C919 大型客机的设计、试验、预研及关键技术攻关
上海航空工业（集团）有限公司	中国商飞	国有独资公司	国有控股	航空基础技术服务
中国商用飞机有限责任公司（本部）	中国商飞	其他有限责任公司	国有控股	C919 大型客机，ARJ21－700 新支线飞机
江苏（18）				
宏光空降装备有限公司	中航工业	国有	国有控股	热气球，牵引升空伞，山坡伞

续表

单位名称	所属集团	登记注册类型	控股情况	主要民用航空产品
金城南京机电液压工程研究中心	中航工业	国有	国有控股	航空机载机电液压综合控制系统的研究
中国电子科技集团公司第二十八研究所	中国电科	国有	国有控股	民航空管系统
中国电子科技集团公司第十四研究所	中国电科	国有	国有控股	二次雷达，机场 C 波段天气雷达
南京大桥机器有限公司		股份有限公司	私人控股	高空气象探测雷达，卫星云图接收设备，数字式电子探空仪
南京全信传输科技股份有限公司		股份有限公司	私人控股	QLA 系列传输线
无锡压缩机股份有限公司		股份有限公司	集体控股	飞机充氧车，飞机气源车，飞机空调车
江苏金陵机械制造总厂		国有	国有控股	
无锡透平叶片有限公司		国有独资公司	国有控股	铝合金 OGV 导叶，发动机低压压气机盘
江苏希西维轴承有限责任公司		中外合资经营		向心关节轴承，杆端关节轴承，舱门拉杆组件
南京航申科技有限公司		私营合伙	私人控股	飞机燃油系统零件
昆山新宇航航空器材有限公司		私营有限责任公司	私人控股	航空机载设备维修
南京常荣噪声控制环保工程有限公司		私营有限责任公司	私人控股	高声强发生器，声学试验控制系统
无锡翼龙航空设备有限公司		私营有限责任公司	私人控股	航空器用翻新轮胎
新宇航空制造（苏州）有限公司		外资企业	外商控股	飞机发动机引擎吊架，飞机发动机叶片，飞机发动机风扇隔框，其他发动机配件
通用电气航空系统（苏州）有限公司		外资企业	外商控股	飞机发动机零部件，飞机零部件
南京长江电子信息产业集团有限公司		其他有限责任公司	国有控股	航管雷达
迪可航空设备制造（苏州）有限公司		外资企业	外商控股	飞机单元装载装置，烤箱支架托盘组件，餐车侧板
浙江（4）				
杭州天扬机械有限公司		其他有限责任公司	私人控股	飞机起落架零件
浙江西子航空工业有限公司		私营有限责任公司	私人控股	APU 舱门，RAT 舱门，飞机舱门，金属零件，金属部件
浙江圣奇运动器械制造有限公司		私营有限责任公司	私人控股	后蒙皮，整体肋，加强板，肋接头，散件包，肋加强件
浙江金马逊机械有限公司		私营有限责任公司	私人控股	数控弯管机，管子缩口机床
安徽（2）				
中航工业合肥江航飞机装备有限公司	中航工业	国有独资公司	国有控股	波纹管
中国电子科技集团公司第三十八研究所	中国电科	国有	国有控股	气象雷达
福建（1）				
厦门太古飞机工程有限公司		与港澳台商合资经营	港澳台商投资	飞机维修
江西（4）				
江西洪都航空工业股份有限公司	中航工业	股份有限公司	国有控股	波音 787 项目构件，C919 锻件，波音 747 零部件转包，农 5B（试制），农 5A 飞机
昌河飞机工业（集团）有限责任公司	中航工业	国有独资公司	国有控股	S76 直升机（转包），尾斜梁

续表

单位名称	所属集团	登记注册类型	控股情况	主要民用航空产品
江西昌河航空工业有限公司	中航工业	国有独资公司	国有控股	A109 直升机转包生产
江西洪都航空工业（集团）有限责任公司	中航工业	国有独资公司	国有控股	C919 前机身等
山东（7）				
济南特种结构研究所	中航工业	国有	国有控股	雷达罩，复合材料结构件
威海广泰空港设备股份有限公司		股份有限公司	私人控股	升降平台车，客梯车，电源车，清水车，除冰车，除雪车
山东翔宇航空技术服务有限责任公司		私营独资	私人控股	飞机部分部附件修理
山东艾诺仪器有限公司		私营有限责任公司	私人控股	飞机地面静变电源
山东太古飞机工程有限公司		与港澳台商合资经营	国有控股	波音 737 系列、空客 A320 系列、CRJ200 和 CRJ700 维修
山东滨奥飞机制造有限公司		中外合资经营	股份合作	DA40 通用飞机
潍坊天翔航空工业有限公司		中外合资经营	私人控股	V750 无人直升机
河南（2）				
新乡航空工业（集团）有限公司	中航工业	国有独资公司	国有控股	增压泵，单向活门，散热器，引射泵，油滤，过滤器
洛阳电光设备研究所	中航工业	国有	国有控股	平视显示器，视景增强系统
湖北（7）				
航宇救生装备有限公司	中航工业	国有	国有控股	民机座椅，民机内饰，热气球，滑翔伞，其他飞行器
中国特种飞行器研究所	中航工业	国有	国有控股	A2C 超轻型小飞机
武汉航空仪表有限责任公司	中航工业	国有独资公司	国有控股	结冰信号器，压力表
湖北易瓦特科技有限公司		私营有限责任公司	私人控股	无人直升机，固定翼无人机，多旋翼无人机
武汉航达航空科技发展有限公司		股份有限公司	私人控股	航空液压附件，航空气动附件，航空机电附件，机场加油设备
凌云科技集团有限责任公司		国有独资公司	国有控股	EMB145 飞机修理，MA60 系列飞机修理，波音 737NG 飞机修理
湖北超卓航空技术有限公司		私营有限责任公司	私人控股	飞机的维修与服务
湖南（6）				
国营长江动力机械厂	中航工业	国有	国有控股	航空发动机零部件生产
长沙中传机械有限公司	中航工业	国有独资公司	国有控股	中尾减速器，转包齿轮
中国南方航空工业（集团）有限公司	中航工业	国有独资公司	国有控股	转包生产民用航空发动机
中航飞机起落架有限责任公司	中航工业	其他有限责任公司	国有控股	防扭臂
湖南省博云新材料股份有限公司		股份有限公司	集体控股	波音 757 刹车副，2612 刹车盘，1587 刹车副，A320 刹车副
湖南山河智能装备股份有限公司		私营股份有限公司	私人控股	Aurara 轻型飞机，动力三角翼，SVU220 无人直升机，SUF30 航拍无人机
广东（5）				
广州航新航空科技股份有限公司		私营股份有限公司	私人控股	飞行参数记录系统，综合维修检测系统
汕头市西北航空用品有限公司		其他有限责任公司	私人控股	飞机客舱零部件和材料，飞机货舱零部件和材料，飞机钢刹车副飞机碳刹车副

续表

单位名称	所属集团	登记注册类型	控股情况	主要民用航空产品
广州飞机维修工程有限公司		与港澳台商合资经营		飞机维修，零附件维修
深圳中集天达空港设备有限公司		与港澳台商合资经营	港澳台商控股	旅客登机桥，航空货物处理系统航空食品车
珠海保税区摩天宇航空发动机维修有限公司		中外合资经营	股份合作	V2500 系列航空发动机深度维修，CFM56－7B 航空发动机深度维修，CFM56－3 航空发动机深度维修，CFM56－5B 航空发动机深度维修
四川（7）				
四川凌峰航空液压机械有限公司	中航工业	国有	国有控股	运 12 系列飞机起落架，“小鹰”500 飞机起落架与五项成件，AC313 飞机阻尼器
成都飞机工业（集团）有限责任公司	中航工业	国有独资公司	国有控股	飞机机头等转包项目
成都发动机（集团）有限公司	中航工业	其他有限责任公司	国有控股	发动机零部件转包生产
成飞民用飞机有限责任公司	中航工业	其他有限责任公司	国有控股	C919 机头、ARJ21－700 机头，空客 A320 登机门、地板、框、机轮舱、A321 壁板，波音登机门、应急门、方向舵、副翼、扰流片、垂尾、平尾
成都凯天电子股份有限公司	中航工业	股份有限公司	国有控股	机载零部件转包项目
四川泛华航空仪表电器有限公司	中航工业	国有	国有控股	航空油耗量表
中电科航空电子有限公司	中国电科	国有	国有控股	机载民用航空电子系统与设备
贵州（7）				
中航力源液压股份有限公司	中航工业	股份有限公司	国有控股	柱塞泵、柱塞马达及零备件
贵州云马飞机制造厂	中航工业	国有	国有控股	波音 737 垂尾，波音 737 平尾，梁间肋、后部肋、肋和接头
贵州红林机械有限公司	中航工业	国有独资公司	国有控股	民用航空零部件转包
贵州华烽电器有限公司	中航工业	国有独资公司	国有控股	电磁制动器，吸气风扇，电连接器
贵州安大航空锻造有限责任公司	中航工业	国有	国有控股	锻件
贵州黎阳航空发动机（集团）有限公司	中航工业	国有	国有控股	民用航空发动机零部件，叶片
贵阳航空电机有限公司	中航工业	国有独资公司	国有控股	C919、“新舟”60 等飞机电机
云南（1）				
昆明电缆股份有限公司		其他有限责任公司	私人控股	航空导线
陕西（26）				
西安航空动力控制科技有限公司	中航工业	国有	国有控股	轴类航空产品，叠轴类航空产品
庆安集团有限公司	中航工业	其他有限责任公司	国有控股	飞机液压作动器和齿轮作动器等航空转包生产
西安航空发动机（集团）有限公司	中航工业	其他有限责任公司	国有控股	航空发动机零部件
西安飞机工业（集团）有限责任公司	中航工业	其他有限责任公司	国有控股	“新舟”60 系列飞机，航空零部件航空复合材料
西安航空制动科技有限公司	中航工业	其他有限责任公司	国有控股	“新舟”60 飞机及刹车附件，波音 737、A320 碳刹车盘
陕西宝成航空仪表有限责任公司	中航工业	其他有限责任公司	国有控股	民用飞机零部件
陕西飞机工业（集团）有限公司	中航工业	其他有限责任公司	国有控股	运 8 系列飞机

续表

单位名称	所属集团	登记注册类型	控股情况	主要民用航空产品
陕西宏远航空锻造有限责任公司	中航工业	其他有限责任公司	国有控股	锻件毛坯
陕西东方航空仪表有限责任公司	中航工业	国有独资公司	国有控股	航空仪表转包生产
陕西千山航空电子有限责任公司	中航工业	国有独资公司	国有控股	民用飞机飞参记录器系统等
西安航空计算技术研究所	中航工业	国有	国有控股	机载计算机，航空软件
陕西航空电气有限责任公司	中航工业	国有独资公司	国有控股	运8系列飞机电源等产品
中国电子科技集团公司第二十研究所	中国电科	国有	国有控股	VOR/ILS机载设备，GNSS地基增强系统及GNSS机载多模导航接收机研发，外场模拟器，大客机仿真平台研发，民航集中监控设备，飞行程序设计
西安晨曦航空科技股份有限公司		股份有限公司	私人控股	发参显示系统，发参采集器，组合导航系统
宝鸡市航宇光电显示技术开发有限责任公司		私营有限责任公司	国有控股	导光面板，LED照明装置，航电控制盒，信号灯控制盒，机载娱乐系统
陕西烽火宏声科技有限责任公司		其他有限责任公司	国有控股	航空耳机/话筒组件
西安蓝天仿真科技有限公司		其他有限责任公司	私人控股	航空仿真模拟器
西安三角航空科技有限责任公司		其他有限责任公司	国有控股	商用发动机盘类件，燃气发动机盘类件
陕西凌云电器集团有限公司		国有	国有控股	无线电罗盘，塔康，测距器，组合导航接受设备，信标机
宝鸡北方科技照明电器有限公司		其他有限责任公司	私人控股	航空照明光源
陕西长岭电子科技有限责任公司		其他有限责任公司	国有控股	WG－7Z无线高度表，661C气象雷达，778多普勒雷达
西安恒锵航空科技有限公司		其他有限责任公司	股份合作	飞机零部件维修
西安飞宇试航精密制造有限责任公司		私营有限责任公司	私人控股	航空精密产品
西安雅西复合材料有限公司		中外合资经营	国有控股	蜂窝铝芯
凯旋威航空工业（西安）有限公司		与港澳台商合资经营	港澳台商控股	飞机及汽车轮毂
浦菲沃（西安）机械制造有限公司		外资企业	外商控股	飞机零部件
甘肃（1）				
兰州万里航空机电有限责任公司	中航工业	其他有限责任公司	国有控股	电动机构，着陆灯，襟翼操纵系统

第四部分

中国民用航空工业统计数据

一
综合情况

表 1－1　全国民用航空工业企业综合情况

指标	计量单位	2013 年	2012 年
单位数	个	140	132
国有企业	个	28	24
有限责任公司	个	63	65
股份有限公司	个	12	14
私营公司	个	19	17
港澳台商投资、外商投资	个	18	12
全部从业人员人数	万人	34.2	33.2
民用飞机累计交付数量	架	1014	874
民用飞机本年交付数量	架	140	103
民用飞机本年交付金额	万元	1934515	1368878
民用飞机新增确认订单	架	128	159
民用飞机新增意向订单	架	30	94
民用飞机储备确认订单	架	468	456
民用飞机储备意向订单	架	354	374
民用航空产品转包生产	—	—	—
民用航空产品转包生产交付金额	万美元	158461	134511
民用飞机零部件交付金额	万美元	94907	71400
民用发动机零部件交付金额	万美元	49349	46684
其他民用航空产品交付金额	万美元	14205	16427
民用航空产品转包生产新增订单	万美元	158812	74907
民用飞机零部件新增订单	万美元	105148	26453
民用发动机零部件新增订单	万美元	46510	39007
其他民用航空产品新增订单	万美元	7154	9447
民用航空产品转包生产储备订单	万美元	320527	327190
民用飞机零部件储备订单	万美元	283147	292541
民用发动机零部件储备订单	万美元	33498	30308
其他民用航空产品储备订单	万美元	3882	4341

指标	计量单位	2013 年	2012 年
工业总产值	万元	20784418	15267563
民用航空产品产值	万元	4517460	3928970
民用飞机产值	万元	2119578	1807910
民用飞机零部件产值	万元	1010140	762678
民用航空发动机产品产值		800	
民用航空发动机零部件产值	万元	312500	330363
其他民用航空产品及零部件产值	万元	226657	318006
民用飞机修理产值（不含发动机）	万元	371904	334607
民用航空发动机修理产值	万元	342063	260709
其他民用航空产品及零部件修理产值	万元	131705	80911
民用飞机机载系统和设备产值	万元	2112	33786
工业增加值	万元	4470084	3240972
资产合计	万元	41480470	31058560
主营业务收入	万元	24320878	18403975
民用航空产品收入	万元	4870780	3777288
主营业务成本	万元	19871796	15443107
利润总额	万元	1336471	990563
经济效益综合指数		171.9	147.3
总资产贡献率	%	6.3	5.6
资本保值增值率	%	154.1	114.3
资产负债率	%	59.4	63.7
流动资产周转次数	次/年	1.0	1.0
成本费用利润率	%	5.9	5.3
全员劳动生产率	元/人年	136427	112100
产品销售率	%	94.7	95.0
民用航空产品固定资产投资	万元	389608	362393
民用航空产品（R&D）经费支出	万元	395422	31077

表 1-2　2013 年全国民用航空工业主要经济指标

指标		单位数/个	全部从业人员人数/人	民用航空产品产值/万元	民用航空产品销售收入/万元	工业增加值/万元	利润总额/万元
全国总计		**140**	**342136**	**4517460**	**4870780**	**4470084**	**1336471**
按注册登记类型分							
内资企业	共计	122	325985	1867609	2208816	3930441	1008732
	国有企业	28	74591	99115	258603	1005876	439814
	有限责任公司	63	228881	1546263	1722807	2599786	490901
	股份有限公司	12	17088	143724	142659	148540	51029
	私营企业	19	5425	78507	84747	176239	26988
港澳台商投资企业		6	12295	447647	444600	173551	41396
外商投资企业		12	3856	2202204	2217365	366092	286344
按三大经济地带分							
东部地区		72	111399	3256107	3348754	1850645	775673
中部地区		26	85049	217219	327824	1072593	215544
西部地区		42	145688	1044134	1194202	1546847	345255
总计中							
中国航空工业集团公司		60	270366	1328592	1575980	3125789	667882
中国商用飞机有限责任公司		7	9209	274966	346500	41363	10920
中国电子科技集团公司		6	21158	29925	29925	371588	243906
其他民用航空工业企业		67	41403	2883976	2918375	931344	413763

表 1－3　2013 年各地区民用航空工业主要经济指标

地区	单位数/个	全部从业人员人数/人	民用航空产品产值/万元	民用航空产品销售收入/万元	工业增加值/万元	利润总额/万元
全国总计	**140**	**342136**	**4517460**	**4870780**	**4470084**	**1336471**
北　京	16	11655	35877	55834	181327	67352
天　津	7	3495	1788430	1787883	285668	265426
河　北	3	8683	25065	23340	124058	48206
山　西	2	1926	4136	3542	28693	7135
辽　宁	3	39083	145034	131871	493279	86155
吉　林	1	2191	729	346	12334	－806
黑龙江	2	11618	51434	159002	133960	12075
上　海	8	11455	275803	326749	105088	40862
江　苏	18	21203	101097	126994	362094	171846
浙　江	4	474	3400	3909	8505	1686
安　徽	2	5820	4054	3738	59063	49819
福　建	1	5233	148777	146969	37194	15143
江　西	4	16928	34495	48527	268372	44083
山　东	7	3311	103618	116804	39873	13951
河　南	2	13753	523	523	147294	55594
湖　北	7	15265	92029	88455	171198	15421
湖　南	6	17548	29819	23691	251679	32223
广　东	5	6807	629006	628401	213560	65047
四　川	7	30343	168149	180887	377954	64008
贵　州	7	21880	37454	50399	282704	28229
云　南	1	38	90	90		273
陕　西	26	91954	837671	962056	871407	246096
甘　肃	1	1473	770	770	14782	6648

表 1－4　2013 全国民用航空工业企业分布

个

地区	企业数	按注册登记类型分类					
		国有	有限责任公司	股份有限公司	私营	港澳台	外资
全国总计	**140**	**28**	**63**	**12**	**19**	**6**	**12**
北　京	16	3	8	2	3		
天　津	7		2		1	1	3
河　北	3	1	2				
山　西	2	1	1				
辽　宁	3		3				
吉　林	1		1				
黑龙江	2		2				
上　海	8	2	6				
江　苏	18	5	2	3	4		4
浙　江	4		1		3		
安　徽	2	1	1				
福　建	1					1	
江　西	4		3	1			
山　东	7	1		1	2	1	2
河　南	2	1	1				
湖　北	7	2	2	1	2		
湖　南	6	1	3	1	1		
广　东	5		1		1	2	1
四　川	7	3	3	1			
贵　州	7	3	3	1			
云　南	1		1				
陕　西	26	4	16	1	2	1	2
甘　肃	1		1				

续表 1－4

个

地区	总计中				按从业人员数量分类			
	中国工业	中国商飞	中电科技	其他民用航空	300 以下	300～1000	1000～2000	2000 以上
全国总计	**60**	**7**	**6**	**67**	**46**	**27**	**19**	**48**
北　京	4	1		11	11	1	2	2
天　津	1			6	4	1	2	
河　北	2		1				1	2
山　西	2				1		1	
辽　宁	3							3
吉　林	1							1
黑龙江	2							2
上　海	2	6			1	4	1	2
江　苏	2		2	14	6	7	2	3
浙　江				4	4			
安　徽	1		1					2
福　建				1				1
江　西	4					1		3
山　东	1			6	4	2	1	
河　南	2							2
湖　北	3			4	2	1	1	3
湖　南	4			2	1	1	1	3
广　东				5	1	2	1	1
四　川	6		1			4	1	2
贵　州	7						3	4
云　南				1	1			
陕　西	12		1	13	10	3	1	12
甘　肃	1						1	

二
产品交付、新增和储备订单及转包生产情况

表 2-1　全国民用航空产品交付情况

产品名称	计量单位	2013 年	2012 年	2011 年	2010 年	2009 年	2008 年	2013 年比 2012 年增长/%
全国总计	**万元**	**4166471**	**3351760**	**1764124**	**1695760**	**1298511**	**1443002**	**24.3**
民用飞机整机	万元	197636	186078	122506	263949	216709	172007	6.2
引进总装线生产飞机	万元	1736879	1182800					46.8
民用航空发动机整机	万元	660		1217		969	285	
民用飞机零部件	万元	829306	744606	578846	508638	293537	284309	11.4
民用航空发动机零部件	万元	311176	341448	270955	245423	188214	235012	-8.9
其他民用航空产品及零部件	万元	221385	212042	171253	122773	62772	115041	4.4
民用飞机修理（不含发动机）	万元	376995	324881	308586	233785	252072	309480	16.0
民用航空发动机修理	万元	326826	260709	252959	222603	242703	291502	25.4
其他民用航空产品及零部件修理	万元	165608	99197	57802	98587	41535	35366	66.9
民用飞机数量合计	**架**	**140**	**103**	**77**	**70**	**55**	**30**	**35.9**
（一）引进总装生产飞机	架	44	36					22.2
A320	架	44	36					22.2
（二）支线客机系列	架	6	13	9	24	15	16	-53.8
“新舟”60	架	6	11	6	18	7	10	-45.5
“新舟”600	架		2	1		1		
ERJ145	架			2	6	7	6	
（三）通用飞机系列	架	51	34	55	36	30	9	50.0
运 12IV	架	10	2	5		6	4	400.0
运 12E	架		3	2	2			
“小鹰”500 飞机	架	5		20	15	10		
运 5B 飞机	架	15	12	5	6	7		25.0
DA 40 TDI	架	16	17	23	13	7	5	-5.9
赛斯纳 208B 飞机	架	5						
（四）特种飞机	架	13	12	11	6	4	2	8.3
A2C 超轻型水上飞机	架	13	12	11	6	4	2	8.3
（五）直升机系列	架	26	8	2	4	6	3	225.0
AC312 民用系列	架	12	7	2	4	6	2	71.4
H410G 直升机	架	1	1					
H425 直升机	架	5						
AC313 直升机	架	4						
AC311 直升机	架	4						
CA109	架						1	

表 2－2　各地区民用航空产品交付情况

万元

地区	2013 年交付金额	2012 年交付金额	2011 年交付金额	2010 年交付金额	2009 年交付金额	2008 年交付金额	2013 年比 2012 年增长/%
全国总计	**4166471**	**3351760**	**1764124**	**1695760**	**1298510**	**1443001**	**24.3**
北　京	27899	43971	19729	22808	2806	4083	－36.6
天　津	1738396	1190184	4060	27621			46.1
河　北	23441	14005	7639	7406	6210	460	67.4
山　西	3968	2312	670	1067	538	1697	71.6
辽　宁	154937	208960	164158	128717	95152	91393	－25.9
吉　林	346	685	1083	758	709	454	－49.5
黑龙江	126822	56585	51920	92955	138408	85089	124.1
上　海	45395	43652	43775	42687	34566	33421	4.0
江　苏	100954	101393	35509	82234	60005	72862	－0.4
浙　江	3879	2820		334		533	37.6
安　徽	3319						
福　建	148777	135755	130534	101410	109593	189713	9.6
江　西	43218	15967	48376	12657	3186	8410	170.7
山　东	101357	108934	90479	81691	37905	77234	－7.0
河　南	523	258					102.7
湖　北	103569	5791	12770	40329	31850	32466	1688.4
湖　南	20238	21042	19541	18603	8952	13179	－3.8
广　东	648071	534219	485923	389821	395809	419954	21.3
四　川	157444	210432	88632	90831	75629	82126	－25.2
贵　州	57236	48202	50050	38575	37318	18549	18.7
云　南	90	159					－43.4
陕　西	655821	606154	509032	515003	259569	310378	8.2
甘　肃	770	280	243	123	109	103	175.0

表 2－3　各单位民用飞机交付情况

架

单位名称	民用飞机型号	累计交付数量	2013 年	2012 年	2011 年	2010 年	2009 年	2008 年
民用飞机数量合计		**1014**	**140**	**103**	**77**	**70**	**55**	**25**
空中客车（天津）总装有限公司	（一）引进总装线生产飞机	153	44	36				
	A320	153	44	36				
西安飞机工业（集团）有限责任公司	（二）支线客机系列	212	6	13	9	24	15	16
	运 7 基本型	18						
	运 7－100 型	20						
	运 7－100 选装型	45						
	运 7－HV500 型	6						
	“新舟”60	78	6	11	6	18	7	10
	“新舟”600	4		2	1		1	
哈尔滨安博威飞机工业有限公司	ERJ145	41			2	6	7	6
陕西飞机工业（集团）有限公司	（三）运输机系列	21						
	运 8 外贸机	15						
	运 8B 民用机	2						
	运 8F100 邮政机	3						
	运 8CE 型机	1						
哈尔滨飞机工业集团有限责任公司	（四）通用飞机系列	482	51	34	55	36	30	4
	运 12I、运 12II、运 12B	113						
	运 12IV	39	10	2	5	2	6	4
	运 12E	14		3	2			
	运 12C	4						
北京科源轻型飞机实业有限公司	“蓝鹰”AD200	21						
石家庄飞机工业有限责任公司	“小鹰”500 飞机	64	5		20	15	10	
	运 5B 飞机	118	15	12	5	6	7	
	赛斯纳 208B 飞机	5	5					
江西洪都航空工业股份有限公司	“海燕”飞机	7						
	农 5A	18						
山东滨奥飞机制造有限公司	DA 40 TDI	79	16	17	23	13	7	5
	（五）特种飞机	65	13	12	11	6	4	2
中国特种飞行器研究所	A2C 超轻型水上飞机	65	13	12	11	6	4	2
	（六）直升机系列	81	26	8	2	4	6	3
哈尔滨飞机工业集团有限责任公司	AC312 民用系列	46	12	7	2	4	6	2
	H410	3	1	1				
	H425 直升机	5	5					
上海西科斯基飞机有限公司	斯瓦泽 269 型直升机	16						
昌河飞机工业（集团）有限责任公司	AC313 直升机	4	4					
	AC311 直升机	4	4					
江西昌河航空工业有限公司	CA109	3						1

表 2－4　全国民用航空产品新增订单和储备订单

产品名称	计量单位	2013 年新增订单		2013 年储备订单	
		确认	意向	确认	意向
民用飞机数量合计	**架**	**128**	**30**	**468**	**354**
（一）干线飞机	**架**	**10**	**10**	**186**	**214**
C919	架	10	10	186	214
（二）支线客机系列	**架**	**10**	**5**	**228**	**140**
“新舟”60	架	10	5	77	39
“新舟”600	架				
ARJ21－700	架			151	101
（三）通用飞机系列	**架**	**73**	**15**	**14**	
运 12IV	架	2		3	
运 12E	架	8		9	
运 12F	架			1	
运 5B 飞机	架	5			
“小鹰”500 飞机	架	15			
赛斯纳 208B 飞机	架	5			
轻型飞机 SA60L	架	8		1	
轻型飞机 SA60L（舒适版）	架		15		
DA 40 TDI	架	30			
（四）特种飞机	**架**	**18**		**11**	
A2C 超轻型水上飞机	架	18		11	
（五）直升机系列	**架**	**17**		**29**	
AC313 直升机	架	4			
AC311 直升机	架	4			
AC312 民用系列	架	9		19	
H425 直升机	架			10	
无人机数量合计	**架**	**131**	**143**	**15**	**10**
V750 无人直升机	架	7	17	7	10
HW13 小型无人机	架	21			
EWZ－I 无人直升机	架	20	16	8	
EWG－I 固定翼无人机	架	12	16		
EWZ－S8 多旋翼无人机	架	41	48		
HW22X 无人机	架	30	46		
民用飞机零部件	万元	752845	44286	650323	415938
民用航空发动机零部件	万元	318513	112	228155	
其他民用航空产品及零部件	万元	143377	28474	54913	16740
民用飞机修理（不含发动机）	万元	367429	74650		
民用航空发动机修理	万元	336050	227037		1239475
其他民用航空产品及零部件修理	万元	79727	97330	111462	158005

表 2－5　各单位民用飞机新增和储备订单

架

企业名称	民用飞机型号	2013 年新增		2013 年储备	
		确认	意向	确认	意向
民用飞机数量合计		**128**	**30**	**468**	**354**
	（一）干线飞机	**10**	**10**	**186**	**214**
中国商用飞机有限责任公司	C919	10	10	186	214
	（二）支线客机系列	**10**	**5**	**228**	**140**
西安飞机工业（集团）有限责任公司	“新舟”60	10	5	77	39
	“新舟”600				
中国商用飞机有限责任公司	ARJ21－700			151	101
	（三）通用飞机系列	**73**	**15**	**14**	
哈尔滨飞机工业集团有限责任公司	运 12IV	2		3	
	运 12E	8		9	
	运 12F			1	
石家庄飞机工业有限责任公司	“小鹰”500 飞机	5			
	运 5B 飞机	15			
	赛斯纳“凯旋”208B 飞机	5			
山东滨奥飞机制造有限公司	DA 40 TDI	30			
湖南山河智能装备股份有限公司	轻型飞机 SA60L	8		1	
	轻型飞机 SA60L（舒适版）		15		
	（四）特种飞机	**18**		**11**	
中国特种飞行器研究所	A2C 超轻型水上飞机	18		11	
	（五）直升机系列	**17**		**29**	
昌河飞机工业（集团）有限责任公司	AC313 直升机	4			
	AC311 直升机	4			
哈尔滨飞机工业集团有限责任公司	AC312 直升机系列	9		19	
	H425 直升机			10	
无人机数量合计		**131**	**143**	**15**	**10**
北京浩天翼航空技术有限公司	HW13 小型无人机	21			
北京中航智科技有限公司	TD200 无人机	8		8	
湖北易瓦特科技有限公司	EWZ－I 无人直升机	12	16		
	EWG－I 固定翼无人机	12	16		
	EWZ－S8 多旋翼无人机	41	48		
海鹰航空通用装备有限责任公司	HW－210	11	14		
	HW－220	18	31		
	HW－230	1	1		
潍坊天翔航空工业有限公司	V750 无人直升机	7	17	7	10

表 2 – 6　全国民用航空产品转包生产情况

万美元

项目	2013 年	2012 年	2011 年	2010 年	2009 年	2008 年	2013 年比 2012 年增长/%
交付金额	**158461**	**134511**	**103985**	**87109**	**69435**	**70655**	**17.8**
民用飞机零部件	94907	71400	59018	47427	40864	35728	32.9
民用发动机零部件	49349	46684	42142	31996	26849	33346	5.7
其他民用航空产品及零部件	14205	16427	2826	7686	1722	1581	–13.5
新增订单金额	**158812**	**74907**	**139337**	**108547**	**85883**	**169000**	**112.0**
民用飞机零部件	105148	26453	81464	76296	32185	143645	297.5
民用发动机零部件	46510	39007	53089	24098	52676	25355	19.2
其他民用航空产品及零部件	7154	9447	4784	8153	1022		–24.3
储备订单金额	**320527**	**327190**	**322379**	**264286**	**232610**	**201704**	**–2.0**
民用飞机零部件	283147	292541	283488	238332	184564	186012	–3.2
民用发动机零部件	33498	30308	38244	15307	47527	15682	10.5
其他民用航空产品及零部件	3882	4341	646	10647	519	10	–10.6

表2-7　各地区民用航空产品转包生产交付情况

万美元

地区	2013年	2012年	2011年	2010年	2009年	2008年	2013年比2012年增长/%
全国总计	**158461**	**134511**	**103985**	**87109**	**69435**	**70656**	**17.8**
北　京	7167	1943	1700	518	393	381	268.9
天　津	7672						
辽　宁	33974	29191	25602	18929	13486	13105	16.4
黑龙江	1496	2183	296	786	405	530	-31.5
上　海	7197	7020	6635	6277	6087	4717	2.5
江　苏	1253	1271	173	4535	4282	6076	-1.4
浙　江	1071	336		10			218.8
安　徽	69	51	39		29	111	35.3
江　西	642	832	2236	471	628	772	-22.8
山　东			168		183		
湖　北	5082	55	109	66	72	2	9140.0
湖　南	4082	3750	3157	2771	1805	2424	8.9
广　东				5078			
四　川	20451	29546	13378	11331	9940	8968	-30.8
贵　州	8723	7073	6171	5251	5290	4038	23.3
陕　西	59581	51259	44322	31087	26835	29531	16.2

表 2-8 各地区民用航空产品转包生产新增情况

万美元

地区	2013 年	2012 年	2011 年	2010 年	2009 年	2008 年	2013 年比 2012 年增长/%
全国总计	**158812**	**74907**	**139337**	**108547**	**85883**	**169000**	**112.0**
北 京	5940	2804	3009	358	393	381	111.8
天 津	125		3016	1609			
辽 宁	22038	16729	9180	19190	4427	7010	31.7
黑龙江	1000	1000	92	357	220		0.0
上 海		3738	60704			29050	
江 苏	954	1817		2661	7240	5487	
浙 江	1140	324		12			
江 西	814	832	2532	122	451		-2.2
山 东			95		20		
湖 北	1381	55	109	66	72	2	2410.9
湖 南	1275	3316	3370	2891	1805	687	-61.6
广 东		29514		4444			
四 川	19889	1777	20881	13250	9968	10832	1019.2
贵 州	7344	13000	2078	1448	2367	1871	-43.5
陕 西	96911		34271	62141	58920	113680	

表2-9 各地区民用航空产品转包生产储备情况

万美元

地区	2013年	2012年	2011年	2010年	2009年	2008年	2013年比2012年增长/%
全国总计	**320527**	**327190**	**322379**	**264286**	**232610**	**201704**	**-2.0**
北京	1986	3368	1309	360			-41.0
辽宁	12100			12498			
黑龙江	6000	6000		300	150		0.0
上海	64309	71488	74662	20593	26870	32839	-10.0
江苏	1016	864		2493	9045	5949	17.6
浙江	210	330		15			-36.4
江西					150		
山东			31		80		
湖北	58	50					16.0
湖南	3417	164	328	120			1983.5
广东				9330			
四川	30693	82307		11134	10765	10198	-62.7
贵州	316	348	4096	3591	3039	272	-9.2
陕西	200421	162271	199178	203852	182511	152446	23.5

三
生产销售总值

表3－1　全国民用航空工业企业生产销售总值

指标名称	计量单位	2013年	2012年	2011年	2010年	2009年	2008年	2013年比2012年增长/%
工业总产值（当年价格）	万元	20784418	15267563	13654738	12055219	9540737	10092961	36.1
其中：新产品产值	万元	7027918	4590997	4599560	4786671	3128115	4408764	53.1
民用航空产品产值	万元	4517460	3928970	2001430	1709007	1474646	2101131	15.0
其中：民用飞机产品产值	万元	2119578	1807910	349556	314802	334806	406127	17.2
民用飞机零部件产品产值	万元	1010140	762678	578800	489145	316610	294245	32.4
民用航空发动机产品产值	万元	800				1218	1207	
民用航空发动机零部件产品产值	万元	312500	330363	254005	232032	192498	229458	-5.4
其他民用航空产品及零部件产值	万元	226657	318006	190093	114656	51316	72582	-28.7
民用飞机修理产值	万元	371904	334607	308572	235024	250383	682336	11.1
民用航空发动机修理产值	万元	342063	260709	251257	224167	242428	366251	31.2
其他民用航空产品及零部件修理产值	万元	131705	80911	63319	99181	85387	48925	62.8
民用飞机机载系统和设备产值	万元	2112	33786	5828				-93.7
工业销售产值（当年价格）	万元	19678030	14511240	13275650	11757363	8749033	9911484	35.6
其中：出口交货值	万元	3271816	3007297	1857809	1583100	1333679	2094061	8.8
全部从业人员年平均人数	人	327654	291490	293666	255833	234548	247234	12.4
工业增加值	万元	4470084	3240972	3036938	2881018	2229284	2304750	37.9

表 3 – 2　2013 年各地区民用航空产品产值

地区	单位数/个	民用航空产品产值/万元	各地占总计/%	民用航空产品产值比 2012 年增长/%	民用飞机产品产值/万元	民用飞机零部件产品产值/万元	民用航空发动机产品产值/万元
全国总计	**140**	**4517460**	**100.0**	**15.0**	**2119578**	**1010140**	**800**
北　京	16	35877	0.8	–47.9	2652	14058	
天　津	7	1788430	39.6	50.2	1736879	51551	
河　北	3	25065	0.6	74.7	16802	3800	
山　西	2	4136	0.1	–1.6		1341	
辽　宁	3	145034	3.2	–23.1		85046	
吉　林	1	729	0.0	–3.8			
黑龙江	2	51434	1.1	–84.9	32410	19024	
上　海	8	275803	6.1	11.6	230396	44570	
江　苏	18	101097	2.2	6.7		61080	
浙　江	4	3400	0.1	2.4		1975	
安　徽	2	4054	0.1	684.1		735	
福　建	1	148777	3.3	9.6			
江　西	4	34495	0.8	115.6		31959	
山　东	7	103618	2.3	–6.1	5879	324	
河　南	2	523	0.0	102.7		281	
湖　北	7	92029	2.0	850.3	3978		
湖　南	6	29819	0.7	38.0	951	8439	
广　东	5	629006	13.9	17.4		18365	
四　川	7	168149	3.7	–19.4		104378	
贵　州	7	37454	0.8	10.2		1339	
云　南	1	90	0.0	23.3		90	
陕　西	26	837671	18.5	19.0	89631	561015	800
甘　肃	1	770	0.0	175.0		770	

续表 3－2

地区	民用航空发动机零部件产品产值/万元	其他民用航空产品及零部件产值/万元	民用飞机修理产值（不含发动机）/万元	民用航空发动机修理产值/万元	其他民用航空产品及零部件修理产值/万元	民用飞机机载系统和设备产值/万元
全国总计	**312500**	**226657**	**371904**	**342063**	**131705**	**2112**
北　京	4294	4566			10307	
天　津						
河　北		4126	334		3	
山　西					2795	
辽　宁	59988					
吉　林			729			
黑龙江						
上　海		837				
江　苏	17954	20914			1149	
浙　江		1425				
安　徽		3319				
福　建			148777			
江　西		2536				
山　东		47988	43865		5563	
河　南		242				
湖　北		18051	8126	5708	56165	
湖　南	11896	90		922	7521	
广　东		77704	170073	325904	36960	
四　川	48369	5338		9529	535	
贵　州	26193	9422				500
云　南						
陕　西	143806	30100			10707	1612
甘　肃						

表 3－3　2013 年各地区民用航空工业销售情况

地区	工业总产值/万元	工业销售产值/万元	比 2012 年增长/%	出口交货值/万元	比 2012 年增长/%	工业产品产销率/%
全国总计	**20784418**	**19678030**	**35.6**	**3271816**	**13.0**	**94.7**
北　京	581954	553414	10.3	29943	29.2	95.1
天　津	1845597	1840366	50.4	1784423	50.9	99.7
河　北	517488	515594	691.5			99.6
山　西	57521	50816	33.0	692	1721.1	88.3
辽　宁	2181677	2072262	－0.7	117199	－41.0	95.0
吉　林	30098	30036	6.4	1983	－5.4	99.8
黑龙江	1032055	1026179	18.7	68256	45.7	99.4
上　海	510006	510986	77.7	46952	1.8	100.2
江　苏	2081843	2078763	482.1	82911	－14.7	99.9
浙　江	38138	34369	－21.8	23410	37.3	90.1
安　徽	632342	634126	461.6	1951	30.7	100.3
福　建	148777	148777	9.6	131939	18.0	100.0
江　西	1641024	1647428	32.8	39882	74.7	100.4
山　东	124557	83699	－29.6	7610	－62.2	67.2
河　南	559172	547865	76.6	3170	36.6	98.0
湖　北	638431	628641	1006.2	23792	85.1	98.5
湖　南	813989	624466	43.2	26375	39.7	76.7
广　东	680408	654162	19.1	288250	49.8	96.1
四　川	1596836	1312498	－36.2	177437	－58.7	82.2
贵　州	886015	867206	32.5	76989	－3.4	97.9
云　南	4113	3162	－97.7			76.9
陕　西	4149117	3779449	18.9	338640	－32.5	91.1
甘　肃	33262	33766	31.9	12	－84.2	101.5

表3-4　2013年各地区民用航空工业工业增加值

地区	工业总产值/万元	工业增加值/万元	比2012年增长/%	全部从业人员年平均人数/人	工业增加值率/%	全员劳动生产率/（元/（人·年））
全国总计	**20784418**	**4470084**	**39.4**	**327654**	**19.1**	**136427**
北　京	581954	181327	16.5	11087	37.1	163549
天　津	1845597	285668	57.5	3185	21.6	896915
河　北	517488	124058	462.2	3655	12.8	339421
山　西	57521	28693	28.6	1886	52.4	152137
辽　宁	2181677	493279	-5.4	33994	22.6	145108
吉　林	30098	12334	25.2	2299	41	53649
黑龙江	1032055	133960	25.9	11258	7.7	118991
上　海	510006	105088	118.7	9831	16.2	106895
江　苏	2081843	362094	326.1	20190	17.3	179343
浙　江	38138	8505	8.1	478	28.5	177921
安　徽	632342	59063	17.0	5735	9.3	102986
福　建	148777	37194	9.6	5269	6.3	70591
江　西	1641024	268372	106.8	16754	28.8	160184
山　东	124557	39873	27.3	3252	2.4	122610
河　南	559172	147294	109.8	14244	12.3	103408
湖　北	638431	171198	139.6	14637	27	116962
湖　南	813989	251679	82.8	17413	30.9	144535
广　东	680408	213560	23.3	6772	21.4	315357
四　川	1596836	377954	-19.2	30228	22.5	125034
贵　州	886015	282704	41.6	21870	32.7	129266
云　南	4113			38		
陕　西	4149117	871407	23.2	92051	12.8	94666
甘　肃	33262	14782	74.3	1528		96741

四

主要经济指标

表 4－1　全国民用航空工业企业主要经济指标

指标名称	计量单位	2013 年	2012 年	2011 年	2010 年	2009 年	2008 年	2013 年比 2012 年增长/%
一、年末资产负债	—	—		—	—	—	—	—
流动资产合计	万元	26380959	20110985	21346513	15987920	13134892	11540315	31. 2
流动资产年平均余额	万元	22710623	18471070	19767431	15056220	11225897	10579285	23. 0
固定资产合计	万元	9231838	7155934	8510861	6468264	4910761	4633424	29. 0
固定资产原价	万元	12298288	10399580	9359047	7569942	6341046	6214679	18. 3
其中：生产经营用	万元	7857609	8084083	7105557	6369636	5317397	5487271	－2. 8
固定资产净值年平均余额	万元	6027899	6323669	5305975	4518383	4923521	3413081	－4. 7
资产总计	万元	41480470	31058560	32190411	24574986	19879088	17815966	33. 6
负债合计	万元	24661985	19668032	19804859	16128538	12945866	11466385	25. 4
所有权益合计	万元	17091052	11462236	12886279	8361300	6926703	6353941	49. 1
其中：实收资本	万元	7152481	4209980	5388514	3128121	2907244	2703389	69. 9
二、损益及分配	—	—	—	—	—	—	—	—
主营业务收入	万元	24320878	18403975	15961673	12710812	9117083	9925148	32. 2
其中：民用航空产品收入	万元	4870780	3777288	1964813	1996938	1558441	1603068	28. 9
主营业务成本	万元	19871796	15443107	13525952	10668449	7512666	8122597	28. 7
主营业务税金及附加	万元	66014	8704	62098	43212	36326	28354	658. 4
其他业务利润	万元	107211	85714	47858	73556	56324	62696	25. 1
营业费用	万元	306797	346862	263310	242788	171400	194155	－11. 6
管理费用	万元	2093522	1603910	1529087	1204676	939169	922861	30. 5
财务费用	万元	314736	311645	256729	174794	154759	153917	1. 0
其中：利息支出	万元	328415	291962	262138	170518	149623	138482	12. 5
营业利润	万元	1048706	737737	547662	513520	525518	542094	42. 2
补贴收入	万元	171647	151378	150191	114319	91417	71355	13. 4
利润总额	万元	1336471	990563	797564	659605	597179	648176	34. 9
应交所得税	万元	189147	161327	106009	107720	95822	93823	17. 2
三、其他	—	—	—	—	—	—	—	—
本年应交增值税	万元	297137	152940	172600	160188	115892	94468	94. 3
工业中间投入合计	万元	7417958	7082817	2451571	1678658	5996906	6663437	4. 7
本年固定资产投资额	万元	1484133	1336828	1364747	1170981	965434	833931	11. 0
其中：民用航空产品	万元	389608	362393	210867	131197	92344	143201	7. 5
全部从业人员人数	人	342136	331551	300253	254844	241609	246736	3. 2
其中：工程技术人员	人	72096	60522	63052	54397	48383	49250	19. 1
其中：研究与试验发展人员	人	44934	43869	54647	28050	26812	27233	2. 4
研究与试验发展经费支出	万元	1364604	1467249	1346798	802513	674365	568379	－7. 0
其中：民用航空产品	万元	395422	310770	344738	112884	170553	223518	27. 2

表 4－2　2013 年各地区民用航空产品收入

地区	民用航空产品收入/万元	各地占总计/%	主营业务收入/万元	比 2012 年增长/%	民用航空产品销售收入占主营业务收入比重/%
全国总计	**4870780**	**100**	**24320878**	**32.2**	**20.0**
北　京	55834	1.1	738916	27.1	7.6
天　津	1787883	36.7	1871060	50.5	95.6
河　北	23340	0.5	518112	708.9	4.5
山　西	3542	0.1	60168	19.1	5.9
辽　宁	131871	2.7	2620697	0.7	5.0
吉　林	346	0.0	30176	7.5	1.1
黑龙江	159002	3.3	1060151	17.9	15.0
上　海	326749	6.7	636982	32.8	51.3
江　苏	126994	2.6	3001051	452.2	4.2
浙　江	3909	0.1	34204	－23.3	11.4
安　徽	3738	0.1	639421	375.3	0.6
福　建	146969	3.0	146969	8.3	100.0
江　西	48527	1.0	1658587	155.4	2.9
山　东	116804	2.4	146924	9.2	79.5
河　南	523	0.0	652558	10.4	0.1
湖　北	88455	1.8	797997	114.4	11.1
湖　南	23691	0.5	870693	63.5	2.7
广　东	628401	12.9	645708	18.3	97.3
四　川	180887	3.7	1719121	－47.1	10.5
贵　州	50399	1.0	884816	21.4	5.7
云　南	90	0.0	3587	－97.5	2.5
陕　西	962056	19.8	5547033	20.1	17.3
甘　肃	770		35946		2.1

表4－3　全国民用航空工业企业经济效益综合指数

指标名称	单位	2013年	2012年	2011年	2010年	2009年	2008年	2013年比2012年增减（+；－）
经济效益综合指数		171.9	147.3	145.9	144.6	141.6	143.9	24.7
总资产贡献率	%	6.3	5.6	4.6	3.9	4.1	5.0	0.7
资本保值增值率	%	154.1	114.3	170.8	120.7	108.3	134.0	39.8
资产负债率	%	59.4	63.7	61.5	65.6	65.1	64.4	－4.3
流动资产周转率	次/年	1.0	1.0	0.8	0.8	1.2	0.9	0.0
成本费用利用率	%	5.9	5.3	5.1	5.4	6.9	6.9	0.6
全员劳动生产率	元/（人·年）	136427	112100	103415	112613	95046	93221	24327
产品销售率	%	94.7	95.0	97.2	97.5	91.7	98.2	－0.3

表 4－4　2013 年各地区民用航空工业收入成本及效益

万元

地区	主营业务收入	比 2012 年增长 /%	主营业务成本	比 2012 年增长 /%	利润总额	比 2012 年增长 /%
全国总计	**24320878**	**32.2**	**19871796**	**28.7**	**1336471**	**34.9**
北　京	738916	27.1	575197	33.1	67352	15.2
天　津	1871060	50.5	1591937	50.5	265426	43.7
河　北	518112	708.9	405184	803.4	48206	1528.6
山　西	60168	19.1	44038	28.1	7135	17.9
辽　宁	2620697	0.7	2342765	0.4	86155	9.1
吉　林	30176	7.5	25252	2.9	－806	－38.4
黑龙江	1060151	17.9	942879	18.8	12075	4.6
上　海	636982	32.8	552598	22.8	40862	62.1
江　苏	3001051	452.2	1842063	363.0	171846	464.0
浙　江	34204	－23.3	27674	－22.0	1686	－63.3
安　徽	639421	375.3	514354	348.2	49819	640.3
福　建	146969	8.3	101318	15.8	15143	13.4
江　西	1658587	155.4	1546080	160.4	44083	193.8
山　东	146924	9.2	78413	－16.6	13951	24.2
河　南	652558	10.4	484882	8.4	55594	6.5
湖　北	797997	114.4	648012	108.1	15421	115.5
湖　南	870693	63.5	710796	68.8	32223	30.2
广　东	645708	18.3	516057	20.6	65047	21.1
四　川	1719121	－47.1	1479461	－46.1	64008	－63.9
贵　州	884816	21.4	740380	24.8	28229	25.7
云　南	3587	－97.5	3162	－97.7	273	－72.5
陕　西	5547033	20.1	4677511	21.4	246096	23.9
甘　肃	35946		21783		6648	

表4－5　2013年各地区民用航空工业固定资产投资和研发投入

地区	民用航空产品研究与试验发展经费支出/万元	比2012年增长/%	民用航空产品固定资产投资/万元	比2012年增长/%
全国总计	**395422**	**27.2**	**389608**	**7.5**
北　京	23126	126.7	3799	-80.5
天　津	585	219.7	0	
河　北	3653	-36.7	24675	126.4
山　西	116			
辽　宁	3733	-37.8	17240	57.4
吉　林				
黑龙江	36018	41.1	16136	138.8
上　海	197739	2.3	171079	44.7
江　苏	3598	188.5	1599	36.0
浙　江	1941	-20.7	5517	156.1
安　徽	329	8125.0		
福　建				
江　西	20712	150.5	5500	13.1
山　东	7304	113.5	16628	514.9
河　南	433	170.6	0	
湖　北	656	763.2	4720	31.5
湖　南	892	-29.7	6152	-57.4
广　东	15389	-36.5	32162	69.4
四　川	30134	97.7	30796	15.9
贵　州	0	-100.0	1500	188.5
云　南	4			
陕　西	49059	266.7	52107	32.1
甘　肃				

五
附　　录

民用航空工业统计报表制度

中华人民共和国工业和信息化部制定

中华人民共和国国家统计局批准

2013 年 4 月

本报表制度根据《中华人民共和国统计法》的有关规定制定

《中华人民共和国统计法》的第七条规定：国家机关、社会团体、企业事业组织和个体工商户等统计调查对象，必须依照本法和国家规定，如实提供统计资料，不得虚报、瞒报、迟报，不得伪造、篡改。基层群众性自治组织和公民有义务如实提供国家统计调查所需要的情况。

《中华人民共和国统计法》第九条规定：统计机构、统计人员对在统计调查中知悉的统计调查对象的商业秘密，负有保密义务。

目　　录

一、总 说 明

（一）统计目的

为准确、及时了解中国民用航空工业企事业的科研、生产及经济运行情况，有效地实施行业管理，为各级领导、政府主管部门决策提供依据，为行业提供信息服务，依照《中华人民共和国统计法》的规定，特制定民用航空工业统计报表制度。

（二）统计范围

从事民用航空器、民用航空发动机、机载系统和设备、零部件、地面设备、随机工具等研发、制造和修理的规模以上企业单位和全部事业单位。地面设备指与飞机相连接的部件或设备。企事业单位包括工业企业、科研院所和大专院校等。事业单位研发活动情况按工业企业表式上报。

民用航空器指已取得民用航空适航型号合格证与生产许可证，和以取得民用航空适航型号合格证与生产许可证为研制目标的航空飞行器。包括干线飞机、支线飞机、通用飞机、民用直升机和无人机（固定翼和旋翼）、民用特种飞行器（包括地效飞机、水上飞机、飞艇）等。

（三）统计内容

1. 法人单位基本情况
2. 民用航空产品交付情况
3. 民用航空产品新增订单和储备订单
4. 民用航空产品转包生产情况
5. 生产、销售总值
6. 主要经济指标

（四）汇总上报要求

1. 各省、自治区和直辖市民用航空工业管理部门和中国航空工业集团公司、中国商用飞机有限责任公司为二级汇总单位。各省、自治区和直辖市民用航空工业管理部门负责审核本地区非中国航空工业集团公司、中国商用飞机有限责任公司下属单位的数据，中国航空工业集团公司、中国商用飞机有限责任公司负责审核集团内统计单位数据，审核后集中上报。

2. 年报上报时间：各单位应于2月28日前将报表在全国民用航空统计信息平台报送，二级汇总单位于5月20日前将汇总表报送至国防科工局信息中心。

3. 定期报表上报时间：各单位于季后10日前将报表报送至全国民用航空统计信息平台。

通信地址：北京市第8184号信箱

邮政编码：100081

联系单位：国防科工局信息中心

联系人：林丽　赵奕然

联系电话：010－88581252　88529312　　传　　真：010－88529332

E－mail：cicdata@ sohu. com

（五）本报表制度经国家统计局（国统制［2013］39号）审核批准。

（六）本报表制度由中华人民共和国工业和信息化部负责解释。

二、报 表 目 录

表号	表名	报告期别	统计范围	报送单位	报送日期及方式	页码
工信航空年1表	法人单位基本情况	年报	各省、自治区、直辖市及中国航空工业集团公司、中国商用飞机有限责任公司下属从事民用航空器、民用航空发动机、机载系统和设备、零部件、地面设备、随机工具等研发、制造和修理的规模以上企业单位和全部事业单位	各省、自治区、直辖市及中国航空工业集团公司、中国商用飞机有限责任公司下属从事民用航空器、民用航空发动机、机载系统和设备、零部件、地面设备、随机工具等研发、制造和修理的规模以上企业单位和全部事业单位	2月28日前（二级汇总单位5月20日前）汇总报送	4
工信航空年2表	民用航空产品交付情况	年报	各省、自治区、直辖市及中国航空工业集团公司、中国商用飞机有限责任公司下属从事民用航空器、民用航空发动机、机载系统和设备、零部件、地面设备、随机工具等研发、制造和修理的规模以上企业单位和全部事业单位	各省、自治区、直辖市及中国航空工业集团公司、中国商用飞机有限责任公司下属从事民用航空器、民用航空发动机、机载系统和设备、零部件、地面设备、随机工具等研发、制造和修理的规模以上企业单位和全部事业单位	2月28日前（二级汇总单位5月20日前）汇总报送	5
工信航空年3表	民用航空产品新增订单和储备订单	年报	各省、自治区、直辖市及中国航空工业集团公司、中国商用飞机有限责任公司下属从事民用航空器、民用航空发动机、机载系统和设备、零部件、地面设备、随机工具等研发、制造和修理的规模以上企业单位和全部事业单位	各省、自治区、直辖市及中国航空工业集团公司、中国商用飞机有限责任公司下属从事民用航空器、民用航空发动机、机载系统和设备、零部件、地面设备、随机工具等研发、制造和修理的规模以上企业单位和全部事业单位	2月28日前（二级汇总单位5月20日前）汇总报送	6
工信航空年4表	民用航空产品转包生产情况	年报	各省、自治区、直辖市及中国航空工业集团公司、中国商用飞机有限责任公司下属从事民用航空器、民用航空发动机、机载系统和设备、零部件、地面设备、随机工具等研发、制造和修理的规模以上企业单位和全部事业单位	各省、自治区、直辖市及中国航空工业集团公司、中国商用飞机有限责任公司下属从事民用航空器、民用航空发动机、机载系统和设备、零部件、地面设备、随机工具等研发、制造和修理的规模以上企业单位和全部事业单位	2月28日前（二级汇总单位5月20日前）汇总报送	7

续表

表号	表名	报告期别	统计范围	报送单位	报送日期及方式	页码
工信航空年5表	生产、销售总值	年报	各省、自治区、直辖市及中国航空工业集团公司、中国商用飞机有限责任公司下属从事民用航空器、民用航空发动机、机载系统和设备、零部件、地面设备、随机工具等研发、制造和修理的规模以上企业单位和全部事业单位	各省、自治区、直辖市及中国航空工业集团公司、中国商用飞机有限责任公司下属从事民用航空器、民用航空发动机、机载系统和设备、零部件、地面设备、随机工具等研发、制造和修理的规模以上企业单位和全部事业单位	2月28日前（二级汇总单位5月20日前）汇总报送	8
工信航空年6表	主要经济指标	年报	各省、自治区、直辖市及中国航空工业集团公司、中国商用飞机有限责任公司下属从事民用航空器、民用航空发动机、机载系统和设备、零部件、地面设备、随机工具等研发、制造和修理的规模以上企业单位和全部事业单位	各省、自治区、直辖市及中国航空工业集团公司、中国商用飞机有限责任公司下属从事民用航空器、民用航空发动机、机载系统和设备、零部件、地面设备、随机工具等研发、制造和修理的规模以上企业单位和全部事业单位	2月28日前（二级汇总单位5月20日前）汇总报送	9
工信航空定1表	生产、销售总值	季报	各省、自治区、直辖市及中国航空工业集团公司、中国商用飞机有限责任公司下属从事民用航空器、民用航空发动机、机载系统和设备、零部件、地面设备、随机工具等研发、制造和修理的规模以上企业单位和全部事业单位	重点民用航空产品生产企业	4月、7月、10月和1月10日前网上报送	10
工信航空定2表	民用航空产品生产经营情况	季报	各省、自治区、直辖市及中国航空工业集团公司、中国商用飞机有限责任公司下属从事民用航空器、民用航空发动机、机载系统和设备、零部件、地面设备、随机工具等研发、制造和修理的规模以上企业单位和全部事业单位	各省、自治区、直辖市及中国航空工业集团公司、中国商用飞机有限责任公司下属从事民用航空器、民用航空发动机、机载系统和设备、零部件、地面设备、随机工具等研发、制造和修理的规模以上企业单位和全部事业单位	2月28日前（二级汇总单位5月20日前）汇总报送	11
工信航空定3表	民用航空产品转包生产情况	季报	各省、自治区、直辖市及中国航空工业集团公司、中国商用飞机有限责任公司下属从事民用航空器、民用航空发动机、机载系统和设备、零部件、地面设备、随机工具等研发、制造和修理的规模以上企业单位和全部事业单位	各省、自治区、直辖市及中国航空工业集团公司、中国商用飞机有限责任公司下属从事民用航空器、民用航空发动机、机载系统和设备、零部件、地面设备、随机工具等研发、制造和修理的规模以上企业单位和全部事业单位	2月28日前（二级汇总单位5月20日前）汇总报送	12

三、调 查 表 式

(一) 年报

法人单位基本情况

表　　号：工信航空年 1 表
制定机关：工业和信息化部
批准机关：国家统计局
批准文号：国统制［2013］39 号
有效期至：2015 年 4 月

2013 年

01 组织机构代码 □□□□□□□□-□
02 法人单位名称：________________
03 法定代表人（负责人）：________________

04 单位所在地及行政区划
________省（自治区、直辖市）________地（区、市、州、盟）________县（区、市、旗）
________乡（镇）________________街（村）、门牌号

05 联系方式	
区　　号	□□□□□□
电话号码	□□□□□□□□□□□
分 机 号	□□□□□□
传真号码	□□□□□□□□
邮政编码	□□□□□□

电子信箱________________
网　　址________________

0601　行业类别 ________________；　　行业代码 □□□□
0602　主要民用航空产品名称
1 ________；2 ________；3 ________
4 ________；5 ________；6 ________

07 登记注册类型

内资	149 其他联营	174 私营股份有限公司	290 其他港澳台商投资
110 国有	151 国有独资公司	190 其他	外商投资
120 集体	159 其他有限责任公司	港澳台商投资	310 中外合资经营
130 股份合作	160 股份有限公司	210 与港澳台商合资经营	320 中外合作经营
141 国有联营	171 私营独资	220 与港澳台商合作经营	330 外资企业
142 集体联营	172 私营合伙	230 港澳台商独资	340 外商投资股份有限公司
143 国有与集体联营	173 私营有限责任公司	240 港澳台商投资股份有限公司	390 其他外商投资

□□□

08 控股情况　110 国有控股　120 集体控股　210 私人控股　220 港澳台商控股　230 外商控股　□□□

09 企业主要出资人情况
公司名称：________________　出资比例：______%
公司名称：________________　出资比例：______%
公司名称：________________　出资比例：______%

10 企业境外投资情况　1 有　2 无　□
主要投资国别：________对境外投资额：________万元
主要投资国别：________对境外投资额：________万元

续表

11 企业利用外资情况 1 有 2 无 外资公司名称：__________利用外资额：__________万元 外资公司名称：__________利用外资额：__________万元	□
12 特种行业许可证审批单位：____________________	

单位负责人： 统计负责人： 填表人： 报出日期：201 年 月 日

说明：1. 本表由各省、自治区、直辖市民用航空工业管理部门、中国航空工业集团公司、中国商用飞机有限责任公司报送分单位数据。

2. 统计范围是各省、自治区、直辖市及中国航空工业集团公司下属从事民用航空器、民用航空发动机、机载系统和设备、零部件、地面设备、随机工具等研发、制造和修理的规模以上企业单位和全部事业单位。

3. 报送时间为2月28日前，报送方式为网上报送。

民用航空产品交付情况

表　　号：工信航空年2表
制定机关：工业和信息化部
批准机关：国家统计局
批准文号：国统制［2013］39号
有效期至：2015年4月

企业详细名称 2013年

指标名称	代码	累计交付数量（含本年）/（架/台）	本年交付		其中：本年出口（不含转包生产）	
			数量/（架/台）	金额/万元	数量/（架/台）	金额/万元
民用飞机合计	01					
按型号分：民用飞机1	02					
民用飞机2	03					
民用飞机3	04					
民用飞机4	05					
民用飞机5	06					
民用航空发动机整机合计	07					
按型号分：民用航空发动机1	08					
民用航空发动机2	09					
民用航空发动机3	10					
民用航空发动机4	11					
民用航空发动机5	12					
民用飞机零部件	13	—	—		—	
民用航空发动机零部件	14	—	—		—	
其他民用航空产品及零部件	15	—	—		—	
民用飞机修理（不含发动机）	16	—	—		—	
民用航空发动机修理	17	—	—		—	
其他民用航空产品及零部件修理	18	—	—		—	

单位负责人： 统计负责人： 填表人： 报出日期：201 年 月 日

说明：1. 本表由各省、自治区、直辖市民用航空工业管理部门、中国航空工业集团公司、中国商用飞机有限责任公司报送分单位数据。

2. 统计范围是各省、自治区、直辖市及中国航空工业集团公司下属从事民用航空器、民用航空发动机、机载系统和设备、零部件、地面设备、随机工具等研发、制造和修理的规模以上企业单位和全部事业单位。

3. 报送时间为2月28日前，报送方式为网上报送。

民用航空产品新增订单和储备订单

表　　号：工信航空年3表
制定机关：工业和信息化部
批准机关：国家统计局
批准文号：国统制［2013］39号
有效期至：2015年4月

企业详细名称　　2013年

指标名称	代码	计量单位	新增订单		其中：出口（不含转包生产）		储备订单		其中：出口（不含转包生产）	
			确认订单	意向订单	确认订单	意向订单	确认订单	意向订单	确认订单	意向订单
民用飞机合计	01	架								
其中：民用飞机1	02	架								
民用飞机2	03	架								
民用飞机3	04	架								
民用飞机4	05	架								
民用飞机5	06	架								
民用航空发动机整机合计	07	台								
其中：民用航空发动机1	08	台								
民用航空发动机2	09	台								
民用航空发动机3	10	台								
民用航空发动机4	11	台								
民用航空发动机5	12	台								
民用飞机零部件	13	万元								
民用航空发动机零部件	14	万元								
其他民用航空产品及零部件	15	万元								
民用飞机修理（不含发动机）	16	万元								
民用航空发动机修理	17	万元								
其他民用航空产品及零部件修理	18	万元								

单位负责人：　　统计负责人：　　填表人：　　报出日期：201　年　月　日

说明：1. 本表由各省、自治区、直辖市民用航空工业管理部门、中国航空工业集团公司、中国商用飞机有限责任公司报送分单位数据。

2. 统计范围是各省、自治区、直辖市及中国航空工业集团公司下属从事民用航空器、民用航空发动机、机载系统和设备、零部件、地面设备、随机工具等研发、制造和修理的规模以上企业单位和全部事业单位。

3. 报送时间为2月28日前，报送方式为网上报送。

民用航空产品转包生产情况

表　　号：工信航空年 4 表
制定机关：工业和信息化部
批准机关：国家统计局
批准文号：国统制［2013］39 号
有效期至：2015 年 4 月
计量单位：万美元

企业详细名称　　2013 年

指标名称	本年交付金额	本年新增订单金额	储备订单金额
民用飞机零部件			
民用发动机零部件			
其他民用航空产品及零部件			

单位负责人：　　统计负责人：　　填表人：　　报出日期：201　年　月　日

说明：1. 本表由各省、自治区、直辖市民用航空工业管理部门、中国航空工业集团公司、中国商用飞机有限责任公司报送分单位数据。

2. 统计范围是各省、自治区、直辖市及中国航空工业集团公司下属从事民用航空器、民用航空发动机、机载系统和设备、零部件、地面设备、随机工具等研发、制造和修理的规模以上企业单位和全部事业单位。

3. 报送时间为 2 月 28 日前，报送方式为网上报送。

生产、销售总值

表　　号：工信航空年 5 表
制定机关：工业和信息化部
批准机关：国家统计局
批准文号：国统制［2013］39 号
有效期至：2015 年 4 月

企业详细名称　　2013 年

指标名称	代码	计量单位	本年实际
工业总产值（当年价格）	01	万元	
其中：新产品产值	02	万元	
其中：民用飞机产品产值	03	万元	
民用飞机零部件产品产值	04	万元	
民用航空发动机产品产值	05	万元	
民用航空发动机零部件产品产值	06	万元	
其他民用航空产品及零部件产值	07	万元	
民用飞机修理产值（不含发动机）	08	万元	
民用航空发动机修理产值	09	万元	
其他民用航空产品及零部件修理产值	10	万元	
民用飞机机载系统和设备产值	11	万元	
工业销售产值（当年价格）	12	万元	
其中：出口交货值	13	万元	
全部从业人员年平均人数	14	人	

单位负责人：　　统计负责人：　　填表人：　　报出日期：201　年　月　日

说明：1. 本表由各省、自治区、直辖市民用航空工业管理部门、中国航空工业集团公司、中国商用飞机有限责任公司报送分单位数据。

2. 统计范围是各省、自治区、直辖市及中国航空工业集团公司下属从事民用航空器、民用航空发动机、机载系统和设备、零部件、地面设备、随机工具等研发、制造和修理的规模以上企业单位和全部事业单位。

3. 报送时间为 2 月 28 日前，报送方式为网上报送。

主要经济指标

表　　号：工信航空年 6 表
制定机关：工业和信息化部
批准机关：国家统计局
批准文号：国统制［2013］39 号
有效期至：2015 年 4 月

企业详细名称　　　　2013 年

指标名称	代码	计量单位	本年实际
一、年末资产负债	—	—	
流动资产合计	01	万元	
流动资产余额	02	万元	
固定资产合计	03	万元	
固定资产原价	04	万元	
其中：生产经营用	05	万元	
固定资产净值余额	06	万元	
资产总计	07	万元	
负债合计	08	万元	
所有者权益合计	09	万元	
其中：实收资本	10	万元	
二、损益及分配	—	—	
营业收入	11	万元	
其中：民用航空产品收入	12	万元	
营业成本	13	万元	
营业税金及附加	14	万元	
其他业务利润	15	万元	
营业费用	16	万元	
管理费用	17	万元	
财务费用	18	万元	
其中：利息支出	19	万元	
营业利润	20	万元	
补贴收入	21	万元	
利润总额	22	万元	
应交所得税	23	万元	
三、其他	—	—	
本年应交增值税	24	万元	
本年固定资产投资额	26	万元	
其中：民用航空产品	27	万元	
全部从业人员人数	28	人	
其中：工程技术人员	29	人	
其中：研究与试验发展人员	30	人	
研究与试验发展经费支出	31	万元	
其中：民用航空产品	32	万元	

单位负责人：　　　　统计负责人：　　　　填表人：　　　　报出日期：201　年　月　日

说明：1. 本表由各省、自治区、直辖市民用航空工业管理部门、中国航空工业集团公司、中国商用飞机有限责任公司报送分单位数据。

2. 统计范围是各省、自治区、直辖市及中国航空工业集团公司下属从事民用航空器、民用航空发动机、机载系统和设备、零部件、地面设备、随机工具等研发、制造和修理的规模以上企业单位和全部事业单位。

3. 报送时间为 2 月 28 日前，报送方式为网上报送。

（二）定期报表

生产销售总值

表　　号：工信航空定 1 表
制定机关：工业和信息化部
批准机关：国家统计局
批准文号：国统制［2013］39 号
有效期至：2015 年 4 月

企业详细名称：　　　　2013 年　季

指标名称	代码	计量单位	本季止累计	上年同期止累计
一、工业总产值（当年价格）	01	万元		
其中：民用飞机产品产值	02	万元		
民用飞机零部件产品产值	03	万元		
民用航空发动机产品产值	04	万元		
民用航空发动机零部件产品产值	05	万元		
其他民用航空产品及零部件产值	06	万元		
民用飞机修理产值（不含发动机）	07	万元		
民用航空发动机修理产值	08	万元		
其他民用航空产品及零部件修理产值	09	万元		
民用航空机载系统和设备产值	10	万元		
二、工业销售产值（当年价格）	11	万元		
其中：出口交货值	12	万元		
三、营业收入	13	万元		
其中：民用航空产品收入	14	万元		
四、利润总额	15	万元		

单位负责人：　　　　统计负责人：　　　　填表人：　　　　报出日期：201　年　月　日

说明：1. 本表由各省、自治区、直辖市民用航空工业管理部门、中国航空工业集团公司、中国商用飞机有限责任公司报送分单位数据。
2. 统计范围是重点民用航空产品生产企业。
3. 报送时间为季后 10 日前，报送方式为电子邮件。

民用航空产品生产经营情况

表　　号：工信航空年 2 表
制定机关：工业和信息化部
批准机关：国家统计局
批准文号：国统制［2013］39 号
有效期至：2015 年 4 月

企业详细名称：　　　　2013 年　季

指标名称	计量单位	交付数量				新增订单					
		本季止累计	其中：出口	上年同期止累计	其中：出口	本季止累计		其中：出口		上年同期止累计	
						确认订单	意向订单	确认订单	意向订单	确认订单	意向订单
甲	乙	1	2	3	4	5	6	7	8	9	10
民用飞机合计	架										
根据本企业生产飞机型号（例如，“新舟”60、ARJ21 等）分别填报	架										

续表

指标名称	计量单位	交付数量				新增订单					
		本季止累计	其中：出口	上年同期止累计	其中：出口	本季止累计		其中：出口		上年同期止累计	
						确认订单	意向订单	确认订单	意向订单	确认订单	意向订单
民用航空发动机整机合计	台										
根据本企业生产发动机型号（例如，涡扇8A航空发动机等）分别填报	台										

指标名称	计量单位	新增订单上年同期		储备订单							
		其中：出口		本季止累计		其中：出口		上年同期止累计		其中：出口	
		确认订单	意向订单	确认订单	意向订单	确认订单	意向订单	确认订单	意向订单	确认订单	意向订单
甲	乙	11	12	13	14	15	16	17	18	19	20

补充资料：

本季止交付飞机（发动机）合同金额____________________ 万元　　　　其中：出口　　万元

本季止新增确认订单飞机（发动机）合同金额____________ 万元　　　　其中：出口　　万元

本季止储备确认订单飞机（发动机）合同金额____________ 万元　　　　其中：出口　　万元

单位负责人：　　　　统计负责人：　　　　填表人：　　　　电话：　　　　报出日期：20　年　月　日

民用航空产品转包生产情况

表　　号：工信航空定3表

制定机关：工业和信息化部

批准机关：国家统计局

批准文号：国统制［2013］39号

有效期至：2015年4月

企业详细名称　　　　　　　　2013年　季

计量单位：万美元

指标名称	交付金额		新增订单金额		储备订单金额	
	本季止累计	上年同期止累计	本季止累计	上年同期止累计	本季止累计	上年同期止累计
民用飞机零部件						
民用发动机零部件						
其他民用航空产品及零部件						

单位负责人：　　　　统计负责人：　　　　填表人：　　　　报出日期：201　年　月　日

说明：1. 本表由各省、自治区、直辖市民用航空工业管理部门、中国航空工业集团公司、中国商用飞机有限责任公司报送分单位数据。

2. 统计范围是重点民用航空产品生产企业。

3. 报送时间为季后10日前，报送方式为电子邮件。

四、主要指标解释

（一）法人单位基本情况

1．组织机构代码（01）：指根据中华人民共和国国家标准《全国组织机构代码编制规则》（GB 11714—1997），由组织机构代码登记主管部门给每个企业、事业单位、机关、社会团体和民办非企业颁发的在全国范围内唯一的、始终不变的法定代码。单位代码共9位，无论是法人单位还是产业活动单位，单位代码均由8位无属性的数字和一位校验码组成。所有单位均填写本项。

（1）法定代码填写规定

已经领取了法定代码的法人单位和产业活动单位必须使用法定代码，不得使用临时代码。在填写时，要按照技术监督部门颁发的《中华人民共和国组织机构代码证》上的代码填写，（也可参照税务部门颁发的税务登记证书上的税务登记号的后9位填写）。

（2）临时代码使用规定

尚未领到法定代码或不属于法定代码赋码范围的单位，一律由各级统计部门从临时码段中赋予代码。

★主要审核要求：

（1）所有单位均不能漏填；

（2）法人单位代码长度必须为9个字符；

（3）不能含有0－9或A－Z（必须大写）之外的字符。

2．法人单位名称（02）：指经有关部门批准正式使用的单位全称。所有单位均填写本项。

企业的详细名称按工商部门登记的名称填写；行政、事业单位的详细名称按编制部门登记、批准的名称填写；社会团体、民办非企业单位和基层群众自治组织的详细名称按民政部门登记、批准的名称填写。填写时要求使用规范化汉字填写，并与单位公章所使用的名称完全一致。

凡经登记主管机关核准或批准，具有两个或两个以上名称的单位，要求填写一个法人单位名称，同时用括号注明其余的单位名称。

★主要审核要求：

（1）所有单位均不能漏填；

（2）必须与单位公章所使用的名称完全一致；

（3）使用规范的汉字。

3．法定代表人（单位负责人）（03）：指依照法律或者法人组织章程规定，代表法人行使职权的负责人。所有单位均填写本项。

企业法定代表人按《企业法人营业执照》法定代表人填写；事业单位法定代表人按《事业单位法人证书》填写；机关的法定代表人填写单位主要负责人；社团法定代表人按《社团法人登记证》填写；民办非企业单位按《民办非企业登记证书》填写；产业活动单位填写本单位的主要负责人。

★主要审核要求：

（1）所有单位均不能漏填；

（2）不能填写官称或职称。

4．单位详细地址（04）：要求写明单位所在的省（自治区、直辖市）、地（区、市、州、盟）、县（区、市、旗）、乡（镇）以及具体街（村）的名称和详细的门牌号码，不能填写通讯号码或通讯信箱号码。所有单位均填写本项。

★主要审核要求：

（1）所有单位均不能漏填；

（2）街（村）、门牌号要详细填写。

5. 联系方式（05）：包括长途区号、电话号码、分机号、传真号码、邮政编码、电子信箱。所有单位均填写本项。

在填写电话号码时，将号码以左顶齐方式从左向右填写在方框内；号码超过所列空位时，向方框外右面扩充。电话号码以填写固定座机电话号码为主，对于确实没有座机电话号码的单位，可以填写主要负责人的移动电话号码。

★主要审核要求：

（1）所有单位均不能漏填；

（2）不能含有 0—9 之外的字符；

（3）长途区号首位必须为 0。

6. 行业类别（06）：是根据其从事的社会经济活动性质对各类调查单位进行分类。填报时应统一按照国家统计局 2002 年制定的《国民经济行业分类与代码》（GB/T 4754—2002）的小类类别和代码填写。一个企业属于哪个工业行业，是按正常生产情况下生产的主要产品的性质（按其重要程度或总产值所占比重），把整个企业划入某一工业行业小类内。所有单位均填写本项。

7. 登记注册类型（07）：指企业或企业产业活动单位的登记注册类型，按其在工商行政管理机关登记注册的类型填写。所有单位均填报本项。

机关、事业单位和社会团体及其他组织的登记注册类型，按其主要经费来源和管理方式，根据实际情况，比照《企业登记注册类型与代码》确定。

工商行政管理部门对企业（单位）登记注册的类型分为以下几种：

（1）国有企业：指企业全部资产归国家所有，并按《中华人民共和国企业法人登记管理条例》规定登记注册的非公司制的经济组织。不包括有限责任公司中的国有独资公司。

（2）集体企业：指企业资产归集体所有，并按《中华人民共和国企业法人登记管理条例》规定登记注册的经济组织。

（3）股份合作企业：指以合作制为基础，由企业职工共同出资入股，吸收一定比例的社会资产投资组建，实行自主经营，自负盈亏，共同劳动，民主管理，按劳分配与按股分红相结合的一种集体经济组织。

（4）联营企业：两个及两个以上相同或不同所有制性质的企业法人或事业单位法人，按自愿、平等、互利的原则，共同投资组成的经济组织称为联营企业。联营企业包括国有联营企业、集体联营企业、国有与集体联营企业和其他联营企业。

国有联营企业：指所有联营单位均为国有。

集体联营企业：指所有联营单位均为集体。

国有与集体联营企业：指联营单位既有国有也有集体。

其他联营企业：指上述三种联营企业之外的其他联营形式的企业。

（5）有限责任公司：根据《中华人民共和国公司登记管理条例》规定登记注册，由两个以上，50 个以下的股东共同出资，每个股东以其所认缴的出资额对公司承担有限责任，公司以其全部资产对其债务承担责任的经济组织称为有限责任公司。有限责任公司分为国有独资公司以及其他有限责任公司。

国有独资公司：指国家授权的投资机构或者国家授权的部门单独投资设立的有限责任公司。

其他有限责任公司：是国有独资公司以外的其他有限责任公司。

（6）股份有限公司：指根据《中华人民共和国公司登记管理条例》规定登记注册，其全部注册资本由等额股份构成并通过发行股票筹集资本，股东以其认购的股份对公司承担有限责任，公司以其全部资产对其债务承担责任的经济组织。

（7）私营企业由自然人投资设立或由自然人控股，以雇佣劳动为基础的营利性经济组织称为私营企业。包括按照《公司法》、《合伙企业法》、《私营企业暂行条例》以及《个人独资企业法》规定登记注册的私营独资企业、私营有限责任公司、私营股份有限公司、私营合伙企业和个人独资企业。

私营独资企业：指按《私营企业暂行条例》的规定，由一名自然人投资经营，以雇佣劳动为基础，投资者对企业债务承担无限责任的企业。

个人独资企业：指按《个人独资企业法》、《个人独资企业登记管理办法》的规定，由一个自然人投资，财产为投资人个人所有，投资人以其个人财产对企业债务承担无限责任的经营实体。个人独资企业填表时归入私营独资企业。

私营合伙企业：指按《合伙企业法》或《私营企业暂行条例》的规定，由两个以上自然人按照协议共同投资、共同经营、共负盈亏，以雇佣劳动为基础，对债务承担无限责任的企业。

私营有限责任公司：指按《公司法》、《私营企业暂行条例》的规定，由两个以上自然人投资或由单个自然人控股的有限责任公司。

私营股份有限公司：指按《公司法》的规定，由5个以上自然人投资，或由单个自然人控股的股份有限公司。

（8）其他内资企业：指上述第（1）条至第（7）条之外的其他内资经济组织。

（9）与港澳台商合资经营企业：指港澳台地区投资者与内地的企业依照《中华人民共和国中外合资经营企业法》及有关法律的规定，按合同规定的比例投资设立，分享利润和分担风险的企业。

（10）与港澳台商合作经营企业：指港澳台地区投资者与内地企业依照《中华人民共和国中外合作经营企业法》及有关法律的规定，依照合作合同的约定进行投资或提供条件设立，分配利润、分担风险和亏损的企业。

（11）港澳台商独资经营企业：指依照《中华人民共和国外资企业法》及有关法律的规定，在内地设立的由港澳台地区投资者在内地全额投资设立的企业。

（12）港澳台商投资股份有限公司：指根据国家有关规定，经商务部（原外经贸部）批准设立，并且其中港、澳、台商的股本占公司注册资本的比例达25%以上的股份有限公司。凡其中港、澳、台商的股本占公司注册资本的比例小于25%的，属于内资中的股份有限公司。

（13）中外合资经营企业：指外国企业或外国人与中国内地企业依照《中华人民共和国中外合资经营企业法》及有关法律的规定，按合同规定的比例投资设立，分享利润和分担风险的企业。

（14）中外合作经营企业：指外国企业或外国人与中国内地企业依照《中华人民共和国中外合作经营企业法》及有关法律的规定，依照合作合同的约定进行投资或提供条件设立，分配利润、分担风险和亏损的企业。

（15）外资企业：指依照《中华人民共和国外资企业法》及有关法律的规定，在中国内地设立的由外国投资者全额投资设立的企业。

（16）外商投资股份有限公司：指根据国家有关规定，经商务部（原外经贸部）批准设立，并且其中外资的股本占公司注册资本的比例达25%以上的股份有限公司。凡其中外资股本占公司注册资本的比例小于25%的，属于内资中的股份有限公司。

在具体填报时应注意：

（1）社区（居委会）、村委会的登记注册类型应选填“其他内资”；

（2）如单位登记注册类型改变，但未重新办理变更登记，应按原登记注册类型填写；

（3）对营业执照上的登记注册类型只填写“有限责任公司”的情况，统计人员要认真查询。首先，查看其《营业执照》上编码，区分是私营企业还是非私营企业。其识别方法为看营业执照上的编码左数第七位，为1的是非私营企业，为2的是私营企业；然后，再根据其是否为国家授权的投资机构或者国家授权的部门单独投资设立的公司来确定其登记注册类型是“国有独资公司”还是“其他有限责任公司”，并填写相应的代码。

★主要审核要求：

（1）所有单位均不能漏填；

（2）不能含有表中所列代码以外的任何字符。

8. 主要民用航空产品名称：指已取得民用航空适航型号合格证与生产许可证，和以取得民用航空适航型号合格证与生产许可证为研制目标的航空飞行器名称。

9. 企业境外投资情况（10）：填报本单位对外投资国别、金额情况。

10. 企业利用外资情况（11）：填报本单位利用外资国别、金额情况。

11. 特种行业许可证审批单位（12）：填报审批许可证机关名称。

（二）民用航空产品交付情况

1. 民用航空产品：民用航空器指已取得民用航空适航型号合格证与生产许可证，和以取得民用航空适航型号合格证与生产许可证为研制目标的航空飞行器。

2. 交付订单：是指报告期交付的全部有效合同订单，其中：本年出口不包括转包生产。

3. 累计交付数量：是指该产品自首次交付起至报告期止所有有效合同订单数量，即民用飞机累计交付架数、发动机整机个数。

（三）民用航空产品新增订单和储备订单

1. 民用航空产品：民用航空器指已取得民用航空适航型号合格证与生产许可证，和以取得民用航空适航型号合格证与生产许可证为研制目标的航空飞行器。

2. 新增订单合同：是指报告期内新增的全部合同订单，包括确认订单和意向订单，其中出口不包括转包生产。

3. 储备订单合同：是指报告期末尚未交付的全部合同订单，包括确认订单和意向订单，其中出口不包括转包生产。

（四）民用航空产品转包生产情况

转包生产：转包业务是航空制造业的一种贸易方式，是严格按照外国公司的图纸、工艺、质量及交付进度要求，由中国的航空制造企业为外国公司生产飞机和航空发动机等零部件或有关设备的工业生产行为，其包括飞机、航空发动机、航空机载设备及其衍生产品的零部件和航空地面设备等，在中国属于“加工贸易”范畴。

（五）生产、销售总值

1. 工业总产值（当年价格）（01）：指工业企业在本年内生产的以货币形式表现的工业最终产品和提供工业劳务活动的总价值量。

（1）工业总产值计算应遵循的原则

①工业生产的原则。即凡是企业在本年内生产的最终产品和提供的劳务，均应包括在内。其中的最终产品，不管是否在本年内销售，只要是本年内生产的，就应包括在内。凡不是工业生产的产品，均不得计入工业总产值。

②最终产品的原则。即企业生产的成品价值必须是本企业生产的，经检验合格不需再进行任何加工的最终产品。企业对外销售的半成品也应视为最终产品计入工业总产值。而在本企业内各车间转移的半成品和在制品只能计算其期末期初差额价值。

③“工厂法”原则。即以法人工业企业作为一个整体计算工业总产值，是其本年内生产的最终产品和提供劳务的总价值量。

（2）工业总产值的内容

包括三部分：生产的成品价值、对外加工费收入、自制半成品在制品期末期初差额价值。

①成品价值：指企业在本年内生产，并在本年内不再进行加工，经检验合格、包装入库的已经销售和准备销售的全部工业成品（包括半成品）价值合计。成品价值中包括企业生产的自制设备及提供给本企业在建工程、其他非工业部门和生活福利部门等单位使用的成品价值，但不包括用订货

者来料加工的成品（半成品）价值。

工业总产值是按现行价格计算的。成品价值按成品实物量乘以本年不含应交增值税（销项税额）的产品实际销售平均单价计算。会计核算中按成本价格转帐的自制设备和自产自用的成品，按成本价格计算生产成品价值。

②对外加工费收入：指企业在本年内完成的对外承做的工业品加工（包括用订货者来料加工生产）的加工费收入和对外工业品修理作业所收取的加工费收入。对外加工费收入按不含应交增值税（销项税额）的价格计算，可根据会计“产品销售收入”科目的有关资料取得。

对于以对外加工生产为主，对外加工费收入所占比重较大的企业，如果对外加工费收入出现跨年度支付的情况，为保证总产值生产口径计算的准确性，则应将对外加工费收入按实际情况调整，记录本年应实际收取的对外加工费收入。

③自制半成品在制品期末期初差额价值。为了使工业总产值与工业中间投入中的物耗价值一致，以便同口径地计算工业增加值，规定本指标的计算原则是：凡是企业会计产品成本核算中计算半成品、在制品成本，则工业总产值中必须包括自制半成品在制品期末期初差额价值。反之则不包括。

自制半成品在制品期末期初差额价值等于自制半成品在制品期末价值减去期初价值后的余额，如果期末价值小于期初价值，该指标为负值，企业在计算产值时，应按负值计算，不能作为零处理。

（3）工业总产值计算的几种具体规定

①凡自备原材料，不论其加工繁简程度如何，一律按全价，即包括自备原材料的价值，计算工业总产值。

②凡来料加工，加工企业一律按财务上结算的加工费计算工业总产值，即不包括定货者来料的价值。一般分两种情况：a、工业企业之间的来料加工，加工企业（即承包单位）按财务上结算的加工费计算工业总产值；委托加工的企业（即发包单位）按全价计算工业总产值。b、工业企业与非工业企业之间的来料加工，当工业企业作为加工企业时一律按加工费计算工业总产值。

③自制半成品、在制品期末期初差额价值，原则上应计入工业总产值，但如果会计产品成本核算中不计算自制半成品、在制品成本，则不计入工业总产值；如果会计产品成本核算中计算自制半成品、在制品成本的，则计入工业总产值。

2. 新产品产值（02）：指报告期本企业生产的新产品的价值，既包括经政府有关部门认定并在有效期内的新产品，也包括企业自行研制开发，未经政府有关部门认定，从投产之日起一年之内的新产品。

3. 工业销售产值（当年价格）（11）：是以货币形式表现的，工业企业在本年内销售的本企业生产的工业产品或提供工业性劳务价值的总价值量。工业销售产值包括的内容为：

（1）销售成品价值：指企业在报告期内实际销售（包括本期生产和非本期生产）的全部成品、半成品的总价值，即按报告期产品的实际销售数量乘以不含增值税（销项税额）的产品实际销售平均单价计算。销售成品价值包括为本企业在建工程，生活福利部门等提供的成品和自制设备价值，不包括用定货者来料加工的成品和半成品价值。

（2）对外加工费收入：指企业在报告期内完成的对外承接的工业品加工（包括用定货者来料加工的产品）的加工费收入；对外工业品修理作业可收取的加工费收入和对内非工业部门提供的加工修理、设备安装等收入。对外加工费收入按不含增值税（销项税额）的价格计算。

4. 出口交货值（12）：指工业企业交给外贸部门或自营（委托）出口（包括销往香港、澳门、台湾），用外汇价格结算的产品价值，以及外商来样、来料加工、来件装配和补偿贸易等生产的产品价值。在计算出口交货值时，要把外汇价格按交易时的汇率折成人民币计算。

5. 工业增加值（14）：指在一定时期内以货币表现的工业生产活动的最终成果，是工业企业全部生产活动的总成果扣除了生产过程中消耗或转换的物质产品和劳务价值后的余额，是工业生产过程中新增加的价值。

工业增加值有两种计算方法：一是生产法，即工业总产出减去工业中间投入；二是收入法，根据生产要素在生产过程中应得到的收入份额计算，具体构成项目有固定资产折旧、劳动者报酬、生产税净额、营业盈余，这种方法也称要素分配法。工业企业一般按生产法计算。

6. 从业人员：指在企业工作并取得劳动报酬的全部人员数。包括在岗职工、再就业的离退休人员及在企业工作的外方人员和港澳台方人员、兼职人员、借用的外单位人员和第二职业者。不包括离开本单位担仍保留劳动关系的职工。该指标反映了一定时期内全部劳动力资源的实际利用情况。

从业人员平均人数 = 报告期内每天平均拥有的从业人员人数。

从业人员年平均人数 = 全年各月平均人数之和/12

（六）主要经济指标

1. 流动资产（01）：指企业可以在一年内或者超过一年的一个生产周期内变现或者耗用的资产，包括现金及各种存款、短期投资，应收及预付款项、存货等。根据会计“资产负债表”中“流动资产合计”项的期末数填列。

2. 流动资产平均余额（02）：指企业在报告期内全部流动资产的平均余额。计算公式为：

$$\text{流动资产年平均余额} = \frac{\text{1 至 12 月各月流动资产平均余额之和}}{12}$$

或：

$$\text{流动资产年平均余额} = \frac{\text{1 至 12 月各月月初月末流动资产之和}}{24}$$

其中：

$$\text{流动资产月平均余额} = \frac{\text{月初流动资产合计} + \text{月末流动资产合计}}{2}$$

$$\text{流动资产季平均余额} = \frac{\text{季内各月流动资产平均余额}}{3}$$

3. 固定资产原价（04）：指企业在建造、购置、安装、改建、扩建、技术改造某项固定资产时所支出的全部货币总额。根据会计“资产负债表”中“固定资产原价”项的期末数填列。

4. 生产经营用固定资产（05）：固定资产按其经济用途和使用情况综合分为七大类：生产经营用固定资产、非生产经营用固定资产、租出固定资产、不需用固定资产、未使用固定资产、土地、融资租入固定资产。

生产经营用固定资产指直接服务于企业生产、经营过程的各种固定资产，包括生产经营用的房屋、建筑物、机器设备、器具、工具等。

5. 固定资产净值年平均余额（06）：固定资产净值指固定资产原价减去累计折旧后的净额，其平均余额指报告期内余额的平均数。计算公式为：

$$\text{固定资产净值年平均余额} = \frac{\text{1 至 12 月各月固定资产净值平均余额之和}}{12}$$

或：

$$\text{固定资产净值年平均余额} = \frac{\text{1 至 12 月各月月初月末固定资产净值之和}}{24}$$

其中：

$$\text{固定资产净值月平均余额} = \frac{\text{月初固定资产净值} + \text{月末固定资产净额}}{2}$$

6. 资产总计（07）：指企业拥有或控制的能以货币计量的经济资源，包括各种财产、债权和其他权利。资产按其流动性（即资产的变现能力和支付能力）划分为：流动资产、长期投资、固定资产、无形资产、递延资产和其他资产。根据会计“资产负债表”中“资产总计”项的期末数填列。

7. 负债合计（08）：指企业所承担的能以货币计量，将以资产或劳务偿付的债务，偿还形式包括货币、资产或提供劳务。负债一般按偿还期长短分为流动负债和长期负债。根据会计“资产负债表”中“负债合计”的期末数填列。

8. 所有者权益合计（09）：指企业投资人对企业净资产的所有权。企业净资产为企业全部资产与企业全部负债的差额，包括实收资本、资本公积、盈余公积、未分配利润等。根据会计“资产负债表”中“所有者权益”项的期末数填列。

9. 实收资本（10）：指企业投资者实际投入的资本（或股本），包括货币、实物、无形资产等各种形式的投入。实收资本按投资主体可分为国家资本、集体资本、法人资本、个人资本、港澳台资本和外商资本。根据会计“资产负债表”中“实收资本”项的期末数填列。

10. 主营业务收入（11）：根据会计“利润表”中对应指标的本年累计数填列。未执行2001年《企业会计制度》的企业，用“产品销售收入”的本期累计数代替。

11. 主营业务成本（13）：根据会计“利润表”中对应指标的本年累计数填列。未执行2001年《企业会计制度》的企业，用“产品销售成本”的本期累计数代替。

12. 主营业务税金及附加（14）：根据会计“利润表”中对应指标的本年累计数填列。未执行2001年《企业会计制度》的企业，用“产品销售税金及附加”的本期累计数代替。

13. 营业费用（16）：根据会计“利润表”中对应指标的本年累计数填列。未执行2001年《企业会计制度》的企业，用“产品销售费用”的本期累计数代替。

14. 管理费用（17）：指企业行政管理部门为组织和管理生产经营活动而发生的各项费用。根据会计“利润表”中对应指标的本期累计数填列。

15. 财务费用（18）：指企业为筹集生产经营所需资金等而发生的费用，包括利息支出、汇兑损失以及相关的金融机构手续费等。根据会计“利润表”中对应指标的本期累计数填列。

16. 利息支出（19）：指企业在生产经营期间利息支出扣除利息收入后的净额。根据会计“财务费用”科目归纳计算本期累计数填列。

17. 补贴收入（21）：指企业实际收到的补贴收入，包括实际收到的先征后返的增值税；企业按销量或工作量等，依据国家规定的补助定额计算并按期给予的定额补贴。根据“补贴收入”的发生额分析填列。

18. 利润总额（22）：指企业在生产经营过程中各种收入扣除各种耗费后的盈余，反映企业在报告期内实现的亏盈总额，包括营业利润、补贴收入、投资净收益和营业外收支净额。根据会计“利润表”中的对应指标的本期累计数填列。

19. 应交所得税（23）：指企业按税法规定，应从生产经营等活动的所得中交纳的税金。根据会计“利润表”中的对应指标的本期累计数填列。

20. 本年应交增值税（24）：指企业按税法规定，从事货物销售或提供加工、修理修配劳务等增加货物价值的活动本期应交纳的税金。指企业在报告期应交增值税额。计算公式为：

本年应交增值税 = 销项税额 -（进项税额 - 进项税额转出）-
出口抵减内销产品应纳税额 - 减免税款 + 出口退税

21. 工业中间投入（25）：指工业企业在报告期内用于工业生产活动所一次性消耗的外购原材料、燃料、动力及其他实物产品和对外支付的服务费用，是计算工业增加值的基础指标。工业中间投入的计算对企业来讲，难度相对较大，需要对企业内部会计明细表的有关科目进行归类整理计算。因此，准确掌握中间投入的计算原则和资料取材方法是十分重要的。

计算工业中间投入须遵循以下三条原则。

（1）必须是从企业外部购入的产品和服务的价值，不包括生产过程中回收的废料以及自制品的价值。

（2）必须是本期投入生产，并一次性消耗的产品和服务的价值，不包括固定资产等的转移价值。

（3）工业中间投入的计算口径必须与工业总产值的计算口径一致，即计入了工业中间投入产品和服务的价值必须是计入了工业总产值的部分。

为了使工业中间投入的计算更加准确，将工业中间投入进一步细分为直接材料、制造费用中的中间投入、管理费用中的中间投入、营业费用中的中间投入和财务费用五个指标，企业应首先计算出这五个指标，再加总计算出工业中间投入合计。其中直接材料、财务费用根据有关会计明细科目填报。制造费用中的中间投入、管理费用中的中间投入、营业费用中的中间投入可采用倒扣法，即从制造费用、管理费用、营业费用中分别扣除下列项目：（1）固定资产折旧和修理费用的摊销；（2）直接或间接支付给个人的部分，如工资、福利费、劳动保险费、待业保险费、住房公积金、差旅费中个人所得部分等；（3）支付给不构成非物质生产部门（指除工业，农业，运输邮电业，建筑业，批发、零售、贸易、餐饮业以外的部分）收入的各种税金、规费及其他费用，如房产税、车船使用税、土地使用税、印花税、矿山资源补偿费、排污费……

22．本年固定资产投资额（26）：以货币形式表现的在一定时期内建造和购置固定资产的工作量以及与此相关的费用的总称。

23．民用航空产品固定资产投资额（27）：以货币形式表现的在一定时期内建造和购置生产民用航空产品的固定资产的工作量以及与此相关的费用。

24．全部从业人员人数（28）：指在企业工作并取得劳动报酬的全部人员数。包括在岗职工、再就业的离退休人员及在企业工作的外方人员和港澳台方人员、兼职人员、借用的外单位人员和第二职业者。不包括离开本单位担仍保留劳动关系的职工。该指标反映了一定时期内全部劳动力资源的实际利用情况。

25．工程技术人员（29）：指负担工程技术和工程技术管理工作并具有工程技术能力的人员，填报告期末人数。包括：①取得工程技术职务资格，已被聘或任命工程技术职务，并担任工程技术工作的人员；②无工程技术职务，但取得工程技术职务资格或从大学、中专理工科系毕业，并担任工程技术工作的人员；③未取得工程技术资格或学历，但实际担任工程技术工作的人员；④已取得工程技术职务资格或从大学、中专理工科系毕业，在企业中担任工程技术管理工作的人员。包括：总工程师、车间主任，以及在计划、生产、生产准备、检查、安全技术、设计、工艺、劳动定额、工具准备、动力、基建、环境保护等科室从事工程技术管理工作的人员。不包括已取得工程技术职务资格或从大学、中专理工科系毕业，但未担任任何工程技术和工程技术管理工作的人员。

26．研究与试验发展（R&D）：指在科学技术领域，为增加知识总量、以及运用这些知识去创造新的应用进行的系统的创造性的活动，包括基础研究、应用研究和试验发展三类活动。在工业企业开展的研究与试验发展（R&D）活动中，较为普遍的和大量的活动属于试验发展活动。

27．研究与试验发展（R&D）人员（31）：指企业科技活动人员中从事基础研究、应用研究和试验发展三类活动的人员。包括直接参加上述三类项目活动的人员及这三类项目的管理和服务人员。上述三类项目的管理和服务人员，可按研究与试验发展（R&D）项目人员占全部科技项目人员的比重进行推算。

28．研究与试验发展（R&D）经费支出（32）：指报告年度在企业科技活动经费内部支出中用于基础研究、应用研究和试验发展三类项目以及这三类项目的管理和服务的费用支出。不论何种经费来源，只要实际用于上述三类项目的经费支出都应计算在内。具体计算办法：可将企业全部科技项目中确定为基础研究、应用研究和试验发展三类项目的经费支出加总，再加上按上述三类项目支出占全部科技项目经费支出比重计算分摊的科技管理和服务费用取得。上述三类项目经费支出包括的内容与科技活动经费内部支出按用途分组所列的支出项一致。

五、行业分类注释

3741　飞机制造

指在大气同温层内飞行的用于运货或载客，用于国防，以及用于体育运动或其他用途的各种飞机及其零件的制造，包括飞机发动机的制造。

包括对下列飞机的制造活动：

——（航空器用发动机）

——活塞式发动机：星形发动机、水平对置型发动机、其他活塞式发动机；

——涡轮发动机：涡轮喷气发动机、涡轮风扇发动机、涡轮螺桨发动机、涡轮轴发动机、其他涡轮发动机；

——喷气发动机：冲压式发动机、脉冲式发动机、其他喷气发动机；

——飞机用活塞发动机零件；

——民用飞机、民用直升机；

——飞机及直升机零件：机身体段及内外部零件，螺旋桨、旋翼、尾桨及零件，起落架及其零件，机载设备及其零部件，其他飞机及直升机零件；

——其他未列明飞机制造。

不包括：

——轻于空气的飞行器、气球等，列入3749（其他航空航天器制造）；

——航天飞机和航天飞机发射装置的制造，列入3742（航天器制造）；

——飞机上使用的带有电阻器的粒子加速器、信号发电机以及其他发动机械和装置，列入3899（其他未列明的电气机械及器材制造）。

4343　航空航天器修理

包括对下列航空航天器的修理活动：

——各种民用航空器及器材专业修理。

不包括：

——民用航空器及器材回生产厂修理，列入374（航空、航天器及设备制造）相关类别中。